安徽文化旅游丛书

江淮行

皖文

100

Anhui Wenhua Lüyou Congshu
Jianghuaixing

Wan Wen

安徽省文化和旅游厅 • 编

黄山书社

《安徽文化旅游丛书·江淮行·皖文》

编委会

前言

安徽位于中国中东部，面积 14 万平方千米，其名字取自清代安庆府与徽州府首字。安徽是一片神奇而美丽的土地。一个“徽”字，集山水人文于一身，是安徽形象的生动描绘，是安徽旅游的真实写照。山有黄山、九华山、天柱山三山挺立，天堂寨、白马尖、齐云山钟灵毓秀；水有 800 里长江、800 里淮河、800 平方千米巢湖绵延交错，大小湖泊润如碧玉，幽谷深潭飞流跌宕；人有老子、庄子、曹操、华佗、周瑜、朱元璋、陈独秀、胡适、邓稼先等，他们引领时代，照亮时空；文有徽文化博大精深，徽派建筑和谐典雅，徽戏被称为“京剧之源”，徽菜闻名天下，徽商诚实守信，文房四宝描绘传奇。

为全面展现安徽丰富的山、水、人、文资源，在安徽省人民政府杨光荣副省长的策划和指导下，安徽省文化和旅游厅组织编写了《安徽文化旅游丛书·江淮行》，分《皖山》《皖水》《皖人》《皖文》4 册，各精选 100 个名目，共计 100 多万字，图片 1000 多幅，是首部系统介绍安徽山水人文的旅游丛书。全省 30 多位作家、40 多位摄影家参与编写，其间数易其稿，既集中展示了安徽的名山胜水、璀璨人文、风土民俗，又以全新的视角去解读那些共生共荣的自然之美、相依相存的人文之美，并深入挖掘诸多藏在深山人未识的绝美风光。它们犹如深山璞玉，徜徉其间，让人不禁发出“长恨春归无觅处，不知转入此中来”的感叹。

杨光荣副省长是丛书的创意者，他亲自设计丛书总体框架、分册纲目，把关行文特色、标题类别，审改版式编排、样书文稿，始终关心出版进程，倾注了大量精力和心血。省政府副秘书长章石生多次组织召开大纲审稿会，协调解决编写过程中的问题。省文化和旅游厅厅长袁华、时任省旅游发展委员会主任万以学精心指导丛书编写。省政府办公厅、原省旅游发展委员会、省文化和旅游厅相关同志承担了许多具体工作。项纯文、钱念孙、朱贵平、翁飞、戴健、徐子芳、孙叙伦、邓修全等30多位专家学者参与审稿。省委党史研究院、省水利厅、省文史研究馆、省政协文史委等单位倾力支持，相关市县积极协助，提供素材，在此一并表示感谢！

改革开放以来，特别是近年来，在安徽省委、省政府正确领导下，安徽文化旅游实现长足发展，“文化皖军”品牌愈发响亮，旅游产业迈入全国第一方阵。随着文化和旅游深度融合，“诗和远方”牵手相伴，安徽深厚的文化底蕴与丰富的旅游资源，必将催生更多更加灿烂美丽的花朵。

安徽是美丽中国的浓缩版、文化中国的精粹版、生态中国的体验版。江淮行，是赏心悦目、心旷神怡的自然山水之行，是品味文化、震撼心灵的历史人文之行。《安徽文化旅游丛书·江淮行》的出版，将成为了解安徽的资料书、畅游安徽的导引书、品读安徽的典藏书。

美好安徽，迎客天下！热忱欢迎海内外朋友来安徽，品味读山问水的神奇诗韵，感受徽风皖韵的独特魅力！

《安徽文化旅游丛书·江淮行》编委会

2019年5月

皖文

目录

古老村镇

千年街巷

灿烂遗存

韵味徽州

曲舞流芳

璀璨文博

红色热土

主题园区

江淮风物

古老村镇

千年村镇，余韵流芳。

小桥流水绕古道，黛瓦青砖花满楼。岁月的长河中，有多少风土人情沉淀在寻常日子里，又有多少烟火尘事缱绻在街头巷尾，而这些都被古村镇记录在那一砖一瓦，一桥一亭之中。

以西递、宏村为代表的皖南古村落，水口园林曲径通幽；徽派建筑，鳞次栉比；徽派艺术，琳琅满目，被誉为“世界上最美的村镇”。皖中皖北许多村镇依河流而兴盛，浸润着新时代的气息，焕发出别样生机。

1 西递：桃花源里人家

西递档案：

西递村位于黟县，坐落于黄山南麓，距黄山风景区仅40千米，始建于北宋皇祐年间，发展于明朝景泰中叶，鼎盛于清朝初期。2000年，西递村被列入世界文化遗产名录。

粉墙黛瓦的徽派建筑

中国民居是一种独特的文化。北京四合院、西北窑洞、绍兴台门、闽南古厝、客家土楼等，都有鲜明的地域特色。长江、淮河横贯安徽，带来了不同特色的地域文化，也造就了不同风格的民居。皖北民居具有北方四合院的特点；江淮之间天井式民居是皖中地区分布最为广泛的传统民居样式之一，融合了北方院

西递村口走马楼

落的布局模式和皖南徽派建筑的部分元素，形制古朴；皖西北圩寨则集生活、军事、防洪、生产等功能于一体，比如刘铭传故居，有着鲜明的时代及地域特色。

皖南古民居是中国南方民居的代表。粉墙黛瓦是徽派建筑的突出特点；错落有致的马头墙不仅有造型之美，更重要的是它有防火功能。徽派民居的另一特点是以高深的天井为中心形成的内向合院，雨天落下的雨水从四面屋顶流入天井，俗称“四水归堂”。皖南古村落，层楼叠院与旖旎的湖光山色交相辉映，动静相宜。

西递与宏村，是安徽古民居的代表。

青山环绕的西递，宛如一幅水墨画。这是胡姓聚族而居的古村落。他们的始祖为唐昭宗李晔之子。据县志记载，唐朝天祐年间，唐昭宗李晔在迁都洛阳的途中得一皇子。为躲避追杀和战乱以保全幼子，昭宗便将他托付给奶娘，让她抱回家乡婺源。皇子随奶娘丈夫姓胡，名昌翼，隐居乡野。北宋末年，胡昌翼第五代孙胡士良在去往金陵的途中经过西递，见这里“背山面水，东水西流”，认为是一块风水宝地，便举家从婺源迁到西递，繁衍生息。

西递原名“西川”，又名“西溪”，取村中三条溪水向西流之意；后因村西三里处为徽州府古驿道，设有“铺递所”，而改称西递。西递风光秀丽，周围群峰连绵，村落平面呈船形，是以一条纵向的街道和两条沿溪的道路为主要骨架的村落街巷系统。清朝雍正、乾隆年间，是西递胡氏子孙繁衍昌盛的时期，他们大兴土木，建有书院、祠堂、庙宇40多幢，住宅千幢之多。

历史上的西递由于少受战乱侵袭，整个村落的原始形态保存完好，至今仍然存有明清古民居124幢、祠堂3座。完整的古村落原型和存留的文物以及精美的建筑艺术，被人们誉为“中国明清民居博物馆”“世界上保护最完好的古民居建筑群”。

粉墙黛瓦，加上阶梯状错落有致的风火墙，无论是远观还是近看，无论是衬着蓝天白云还是笼罩在烟雨中，都是完美的组合。在西递，家家户户基本都是天井院的格局，设计独特，能够起到采光、通风、换气、排水、遮阳、避暑等作用。

精美的雕刻 灿烂的文化

走近西递村，一座石坊矗立眼前，这就是胡文光刺史牌坊。

胡文光于明朝嘉靖乙卯年（1555）中举，担任过山东胶州刺史、湖北荆州王府长史，有“奉直大夫”“朝列大夫”的头衔，被誉为“判藩首相”。在任期间，他做了不少利国利民的好事，明神宗恩准他的家乡竖立了这座牌坊以示表彰。

胡文光刺史牌坊与徽州其他牌坊式样不同，如歙县的牌坊大都是四根大柱直冲云霄，叫“冲天柱式”；而眼前的这座牌坊有五个层次分明的楼阁，有顶有檐，叫“楼阁式”，准确地说应该称为“牌楼”。

这座牌坊以四根见方抹角石柱支撑坊体，底座是四座长方柱墩，中间是两柱底座，东西两侧分别雕有四只石狮，特别之处在于狮子前爪朝下呈俯冲式。雄狮怀抱绣球，雌狮搂着小狮子，一方面为了美观，另一方面增加了牌坊的稳定性。此外，牌坊上还有许多生动逼真的镂空浮雕，工艺精湛。

沿着西递村的明经湖畔行进，走马楼赫然立于眼前。走马楼原名“凌云阁”，是西递村江南六大首富之一胡贯三为了迎接自己的亲家曹振镛而耗巨资兴建的。曹振墉是歙县雄村人，乾隆、嘉庆、道光三朝元老，曾任太子太傅、军机大臣、武英殿大学士。

据说，当年胡贯三在捐资建造歙县河西桥时，结识了一位家境贫寒但很有才华的文人曹文埴，也就是曹振镛的父亲，胡贯三大力资助他进京殿试。曹文埴不负所望高中第二甲第一名，官拜一品户部尚书。后来，曹振镛将女儿嫁给胡贯三的小儿子胡元熙为妻。

清乾隆五十三年（1788），曹振镛趁返乡省亲之际，专程来西递会晤亲家，来到村口，登楼远眺，心旷神怡，不禁感叹，此楼又长又宽敞，连马都可以在上面走。凌云阁便改为“走马楼”，也叫“跑马楼”。

现在的走马楼是仿旧楼式样所建。园内西侧楼阁飞檐翘角，古朴典雅，上有“胡氏绣楼”平台，可演艺奏乐，现在经常表演一些民俗节目。沿园墙南北建有廊式楼，楼上有长椅“美人靠”，登楼远眺，群峰叠嶂，景色宜人。

西递村里，木雕、石雕、砖雕丰富多彩，巷道、溪流、建筑布局相宜。这里村落空间变化韵味有致，瑞玉庭、桃李园、东园、西园、大夫第、敬爱堂、履福堂、追慕堂……无不是富丽宅院、精巧花园，精美的雕刻，散发着浓郁的书香气息。

履福堂陈设典雅，厅堂题为“书诗经世文章，孝悌传为报本”，“读书好营商好效好便好，创业难守成难知难不难”的楹联，显示了儒学向建筑的渗透。

大夫第为临街亭阁式建筑，它是清代知府胡文照故居。绣楼的石雕门楣上刻有“作退一步想”，并有意将整幢绣楼向后缩退了一大步，与堂前“忍片刻风平浪静，退一步海阔天空”的楹联相映成趣。彩楼飞檐翘角，玲珑典雅，已经专为游客开设“抛彩球、选佳婿”的旅游项目。

楹联文化是西递的特色。这里的楹联，或言读书，或言农耕，或言修德，或言齐家，充满了人生哲理与智慧，演绎成一种良好的家风，代代传承。“几百年人家无非积善，第一等好事只是读书”；“绵世泽莫如积德，振家声还是读书”；“快乐每从辛苦得，便宜多自吃亏来”。小小院落，因为楹联的存在而显得大有乾坤。这些楹联透出主人的气韵、胸怀、品性、抱负、感悟，徽州儒商不动声色的骨气与智慧，令人深感敬佩。

2 宏村：中国画里乡村

宏村档案：

宏村位于黟县东北部，整个村依山傍水而建。前人规划、建造了牛形村落和人工水系，巧妙的设计令人赞叹。著名景点有南湖、南湖书院、月沼、牛肠水圳，被誉为“画中的村庄”。

设计精巧的“牛形村”

宏村的出名离不开它的水。水赋予了它与众不同的灵气。宏村自古被称为“牛形村”，除了全村鳞次栉比的楼舍为“牛身”外，最重要的宏村的水构成了“牛肠”“牛胃”和“牛肚”。

先来说说“牛肠”。宏村始建于南宋绍兴年间，名弘村，清乾隆年间更名宏村，至今已有800多年的历史。建村之时，宏村人为防火灌田，独运匠心建造出堪称“中国一绝”的人工水系，围绕牛形做了一篇水的文章。整个水系九曲十弯，穿堂绕屋。家家门前有水流经过，人们称之为“牛肠”。

碧波荡漾的月沼则被比作“牛胃”。明永乐年间，当地人汪思齐开始扩大宏村基址，并把水引入村中心天然井泉处建池塘。其后人继续挖凿，掘成半月形池塘，取名“月沼”。塘面水平如镜，碧潭上映着蓝天白云，塘边铺有青石板，粉墙黛瓦，错落有致，围绕四周。

“牛肚”南湖位于宏村南首，建于明万历三十五年（1607）。宏村村落到万历年间，楼舍连栋，高低错落，人口繁衍，光靠月塘蓄水已不够用，于是又将村

南百亩良田，凿深数丈，周围砌石立岸，仿照着西湖平湖秋月的样子，建成了南湖。湖面浮光掠影，岸边杨柳、村落倒映其中。

这样的村子自然传说多。宏村有一传说，与村口的两棵古树有关。因宏村为牛形古村落，这两棵古树被人们喻为牛的一对角。两棵古树一棵为红杨，另一棵为银杏，都有400年的树龄。宏村人操办红白喜事都要来村头风水宝树前讨吉利。有个传说：有年夏天，一个老汉在树下乘凉时睡着了，半夜醒来时，迷迷糊糊看到有两个老人坐在桥头边谈心，一人穿红衣，一人穿白衣。只听红衣老人说村子里有位女子将要出嫁，但喜事会当作丧事办。白衣老人求他想办法，红衣老人说："如果明天他女儿的花轿能围着我转三圈，就能躲过此难。"乘凉老汉想走上前看看他们究竟是谁，可他们突然都不见了，老汉认为那一红一白两个老人是红杨、银杏两位树神。第二天，天刚亮，宏村大雨倾盆。雨停时，新郎带着花轿，遵从老汉的吩咐绕着村口古树红杨吹吹打打转了三圈，就在他们转完将要踏上木桥时，上游暴涨的山洪裹着一棵大树"轰"一声把木桥冲成两截。大家心想，要不是围着红杨转三圈，此刻正好走在桥中央，后果不堪设想。从此宏村人办喜事，花轿都要绕着红杨转三圈；高寿老人办丧事，寿棺也绕着银杏古树转三圈，图个大吉大利。这，已经成了风俗。

天井院落里的怡情悦性

宏村全村保存明清民居140余幢，承志堂、德义堂、树人堂、桃源居、敬修堂、碧园等精雕细作，独具匠心。

宏村的上水圳中段有一处建筑被人们称为"民间故宫"，它的名字叫承志堂，建于清咸丰五年（1855），是清末大盐商汪定贵住宅。它是徽州木雕代表作的集聚地。整栋建筑为木结构，大小房间60间，内部砖、石、木雕装饰富丽堂皇，是一幢保存完整的大型民居建筑。

整座建筑从前堂到东西厢，从内外院到书房厅，处处雕梁画栋，尽显当年富贵。特别是厅堂梁上的木雕，工艺精湛、复杂，如前厅横梁上的“唐肃宗宴官”，将文武百官在赴宴前的各种活动尽收其中，甚至连烧水、掏耳这样细小的动作也雕刻得惟妙惟肖，堪称精品。

德义堂为二楼三开间建筑，堂前一水塘，四时盆景点缀，内有暗沟与水圳相通，院内繁花疏木，绿荫丛丛，粉墙青瓦，花窗点眼，园中水、水中园，这是徽派私家园林的典型代表。

敬德堂位于宏村牛肠水圳下游转弯处，前后厅都有天井，两侧为厢房，建有大花园。与许多徽派古民居一样，敬德堂门楼上雕刻的图案非常考究。徽州人十分重视门楼的修建，有“千金门楼，四两屋”之说，也就是说建房子，花在门楼上的钱远远超过房子本身。这当然是夸张说法，但反映出古徽州人把门楼当成身份地位的象征。

这里的每一家院落都是书香弥漫，适合怡情悦性。坐在绿意萦绕的小院，一盏香茗，一卷诗书，让人放下尘世纷扰，任由思绪飞扬。

与宏村相邻的奇墅湖国际度假村内，有大型实景文化演出《宏村·阿菊》。它以古徽州文化为背景，艺术再现徽州女人贤惠、勤劳、持家、教子、耕耘劳作以及忠贞如一、保卫家园的新形象、新身份；在一万平方米的水上舞台，用现代化的声、光、电，展示宏村的旖旎风光，彰显宏村女性独特的魅力。

宏村东部有东山，葱茏秀美。这里可俯瞰全村。春天油菜花盛开的时候，古朴建筑、河滩牛羊、曲折小路、烂漫山花和金黄的油菜花相互映照，熠熠生辉。

在宏村与西递之间的宏村镇北庄，有一徽派园林叫“归园”，是在赛金花故园遗址上恢复、修缮的园林景观。景区内有赛氏旧居，赛金花的书斋、用过的水井，海棠花梨花伴月、双桥截春、静寄弄鱼等景观。赛金花，原名赵彩云。1872年出生在黟县上轴村，因家道衰败，沦为艺伎，后嫁于清朝状元洪钧，成为状元夫人，并以公使夫人的身份，随夫出使俄、德、荷、奥四国，出入于欧洲上流社会的社交场所。刘半农、鲁迅、夏衍等名人对赛金花都有评价，揭示了赛金花充满传奇色彩的一生。

呈坎

③ 呈坎：阴阳相生　天人合一

呈坎档案：

呈坎，位于黄山市徽州区。东与歙县毗邻，南与潜口镇接壤，西与西溪南镇、洽舍乡相连，北与富溪乡相依。唐末，江西南昌府罗天真、罗天秩堂兄弟俩举家迁于此。自宋代以后文化教育事业兴旺发达，在徽州文化历史发展中独树一帜。

宋朝，著名理学家朱熹夸呈坎："江南第一村"。国画大师刘海粟曾说"登黄山不可不去呈坎"。

如今，"游呈坎一生无坎"的旅游广告词更让呈坎这个传统古村落充满谜一般的魅力。

据说，呈坎村的村址是来自南昌的罗氏兄弟发现的。这两人是堂兄弟，一个叫罗天秩，一个叫罗天真。唐末，他们为躲避战乱来到此地，见这里群山环抱，山水相依且腹地隐蔽，符合他们避世安居的初衷，于是在此定居。这里原名"龙

溪”，他们改名“呈坎”。因为“地仰露曰呈，洼下曰坎”。这是呈坎村名的最早由来。他们俩也成了呈坎村罗姓始祖。

在村落建设上，历代罗姓人发挥他们的聪明才智，按《易经》“阴（坎），阳（呈），二气统一，天人合一”的八卦风水理论布局，依山傍水，形成三街九十九巷。古老的龙溪河宛如玉带，呈“S”形自北向南穿村而过，形成八卦阴阳鱼的分界线；村落周边矗立着八座大山，自然形成了八卦的八个方位，共同构成了天然八卦布局。人文八卦与天然八卦巧妙融合，这就让呈坎有了特殊的魅力。

呈坎钟灵毓秀、英才辈出。南宋初年，无论罗天真一族（前罗），还是罗天秩一族（后罗），家族人口都已发展到四五十人。罗氏后人开始走上仕途，罗汝楫官至殿中侍御史。

宋末元初，前罗诞生了一位颇具风骨的人物，他就是罗荣祖，字东舒。据说他“坚不仕元”，他在《答招隐》诗中说：“东皋足舒啸，南亩可充囷。”明朝嘉靖年间，为彰显他的“清标傲骨”，罗氏族人为他建了一座宗庙式的祠堂，名曰罗东舒祠。

明朝时，罗家又出了位人物——罗应鹤，明隆庆辛未科进士。他担任保定巡抚时，修建了东明长垣河堤，并获得皇帝的金币奖励。自万历四十年（1612）起，他用五年时间扩建了罗东舒祠，使得祠堂气势巍峨。

呈坎晨韵

元代国子监祭酒罗绮，明代都察院右佥都御史罗应鹤、制墨大家罗龙文、地理学家罗洪先，清代朝议大夫罗宏化、奉直大夫翰林罗廷梅、“扬州八怪”后起之秀罗聘，近现代钦点内阁中书孙中山秘书罗会坦、文物鉴赏家罗长铭，当代物理学家罗辽复等，他们的出现让罗村成为当之无愧的“文化村”。

许多人去呈坎，都奔着“游呈坎一生无坎”的心愿去的。去了之后，发现它真的是一个能让人慢下来的地方。呈坎的民居大多沿河分布，两侧民宅青墙黛瓦，淡雅清秀，长街短巷犬牙交错，宛如迷宫，湖光山色，步移景异。

罗东舒祠自然是重要的景点。它的棂星门仿的是曲阜孔庙的建制，石础石柱木构，六柱五楼牌坊样式。享堂正面悬挂着董其昌书写的巨匾——“彝伦攸叙”。彝，指法度、规矩；伦，指伦理、道德；攸，指永远；叙，指条理、秩序。合起来就是告诫族人要将先人立下的道德规范永远保持下去。

罗东舒祠的后寝雕工神妙，全方位施彩，用的颜料是从矿物质中提炼的彩色石粉，让庄严的祠堂有了绚丽的呈现。据说，罗应鹤续建祠堂后，看到后寝比前面稍显低矮，便让侄子在后寝上加盖一层，取名“宝纶阁”。

阴与阳，呈与坎，万物相生相克，万事随缘流转。谜一样的呈坎村，让每个身临其境的人都有所思，有所悟。

4 棠樾：忠孝节义牌坊群

棠樾档案：

棠樾村，位于歙县，以鲍氏为主，历代名流辈出。牌坊群闻名于世，由七座牌坊组成，以忠、孝、节、义的顺序相向排列，分别建于明代和清代，用来旌表棠樾人的“忠孝节义”。

棠樾的标志性建筑是牌坊群。徽州历史上有过一千多个牌坊，如今现存的还有百余座，而棠樾牌坊群就是徽州极具代表性的牌坊汇集地。

棠樾这个名字很特别，“棠”指的是棠梨树，“樾”指的是两树交荫之处，合起来意为棠荫之处，象征着这里枝繁叶茂，家族兴旺。另《诗经·甘棠》篇有周贤臣召伯的故事。召伯推行文王政令，深入民间，在一棵甘棠树下办公，因而把“棠荫”一词喻为“德政”，棠樾的“樾”字，即指树荫而言。棠樾村自宋元以来已经有八百多年历史。村里的大姓鲍氏家族是一个以“孝悌”为核心倡导儒家学说的家族。

南宋建炎年间，在徽州府任职的鲍荣，看中了棠樾之地，便在此建掌书园。到他的曾孙鲍居美一代，鲍家正式搬迁到棠樾。元明之际，棠樾村人开始大规模建设村子，进行水系改造，先后建大姆坝，挖掘山塘水库。村子走向了秀美与昌盛，并且名人辈出，除两淮盐运使司鲍漱芳、工部尚书鲍象贤等达官巨贾之外，文化名人也是比比皆是，有元代鸿儒鲍元康、鲍深，书画家鲍楷、鲍元标、鲍又诗、鲍娄先，诗词名家鲍有莱、鲍鸿等。

村子不大，但在今天竟然藏有许多国家级文物，可见其文化上的地位。村头立有一牌匾，起首对联“慈孝天下无双里，衮绣江南第一乡”。这是乾隆所题，几个村落有这样的礼遇和赞誉？

鲍氏宗祠名敦本堂，坐北朝南，银杏为柱，樟木作梁。两边石砖墙，气象庄严。敦本堂西侧还有一座祠堂，显得贤淑典雅，这是棠樾村的清懿堂女祠，是大盐商鲍启运创建的。“清懿堂”三字巨匾高悬在享堂照壁正中，另一块“贞烈两全”的横匾，是晚清重臣曾国藩所书。

自祠堂东望，便是闻名遐迩的牌坊群了。一排七座，立于村前官道之上，绵延数里。这些牌坊分别是鲍灿孝行坊、慈孝里坊、鲍文龄妻汪氏节孝坊、乐善好施坊、鲍文渊继吴氏节孝坊、鲍逢昌孝子坊、鲍象贤尚书坊。这些牌坊，三座彰孝道，两座树贞节，一座因施善，一座表功勋，多选用当地“歙县青”石材筑就，坚实挺拔。两旁田园风光旖旎，古意盎然。

牌坊背后蕴藏着许多故事。鲍灿母亲生病，他为母吮吸脚脓；鲍逢昌割股疗母；两淮盐运使司鲍漱芳为修河堤供军饷；工部尚书鲍象贤云南平定叛乱，两广

棠樾村口牌坊群

棠樾村鲍家祠堂

击退倭寇立大功，获得朝廷嘉奖。这些牌坊，明代三座，清代四座，凸显鲍氏家族的昌盛。

慈孝里坊背后的故事非常感人。据记载，元代县守将李达率部叛乱，烧杀掳掠。棠樾徽商鲍寿逊父子二人被乱军所获，要杀二人其中一人，并请他们自己决定谁死谁生。然而没有想到的是，父子二人双双争死，以求他生。这一举动感天动地，就连乱军也不忍下刀。后来，朝廷为旌表他们，赐建此牌坊。

鲍文渊继妻吴氏29岁守寡，她对丈夫前室的孤子元标视如亲生，将其抚养成才，尽心侍奉患病的婆婆到寿终。她的举动感动了当地的官员，他们打破继妻不准立牌坊的常规，破例为她建造了一座规模与其他相等的牌坊。

漫步棠樾，思绪悠悠。

5 唐模：水口园林第一村

唐模档案：

唐模村，始建于唐，培育于宋元，盛于明清，位于黄山市徽州区潜口镇境内，毗邻歙县棠樾牌坊群，檀干溪穿村而过，是徽州历史悠久、人文积淀深厚的文明古村。

“喜桃露春浓，荷云夏净，桂风秋馥，梅雪冬妍，地僻历俱忘，四序且凭花事告；看紫霞西耸，飞瀑东横，天马南驰，灵金北倚，山深人不觉，全村同在画中居”。这副令人逸兴遄飞的楹联，嵌在唐模檀干园的亭柱上，成为唐模最恰如其分的广告词。

据史料记载，最早来唐模的是汪姓。大唐越国公汪华族人汪思立，觉得原住地绩溪人丁不旺，便举家迁往唐模。

唐模

据说，汪思立年近古稀，是董仲舒“天人感应”论的信徒，他运用八卦理论寻觅居住宝地，最后相中现名“唐模塘”和“宗汪”两处地方，但仍不能决断。为此他在两处各植银杏一株，结果“宗汪”一处的银杏成活了。于是汪思立当机立断，择定“宗汪”，意为汪姓氏族荣宗耀祖之地。

唐末，汪氏馗公再迁到唐模，家族昌盛，有忠烈遗风，人谓“唐朝规模”，所以村子叫“唐模”。徽州有谚语——“唐模棠樾，饿死情愿”，道出了徽州人对唐模的无限推崇与眷恋。

走进唐模，首先映入眼帘的是古朴典雅、安详宁谧的徽派水口园林。由村中流出的小溪穿过一座座小石桥，翻越一道道拦水坝，形成一道道人工瀑布流往下游，两岸数十株巨大的樟树浓荫蔽日，终年常绿，掩映着“小桥、流水、人家”的皖南村落。

清澈美丽的檀干溪自西向东将唐模村分成南北两片；架在溪上的十座古桥，又把被分割的南北两半连成一个整体。这些古桥虽然短小，但式样不同，风格各异，有“十桥九貌”的雅称。村西第一座桥俗称“石头桥”，中无桥墩，由三块等长青色茶石架成。当年大部分桥石与村中铺路的几千块石板，都是从浙江茶源运来，水陆转运，倍极艰辛。桥南原立有一大型拱门，进入拱门，就算进入了村庄。过去村民们迎宾送客、玩灯舞龙、送丧接嫁，都以此为界。

名闻遐迩的檀干园是唐模村的点睛之笔。

相传，清初唐模许氏有一位富商在苏浙皖赣一带经营三十六处当铺，时称“三十六典”。他的母亲想去杭州西湖游览，苦于山高路远、年老体衰不便成行。于是这位孝子不惜花费巨资在村边模拟西湖景致，修筑亭台楼阁、水榭长桥，湖堤遍植檀花和紫荆；田园内也遍植檀花，又有一泓小溪缓缓绕流，取《诗经》“坎坎伐檀兮，置之河之干兮”之意，叫“檀干园”。

因为是模仿西湖，所以园中有“三潭印月”“湖心亭”“白堤”“玉带桥”等典型的西湖元素，并以玉带桥分外湖、内湖，形成“外西湖”“内西湖”格局。

镜亭是全园的中心，四面环水，结构精巧。亭外留有石砌平台。亭柱上就嵌着那副著名的楹联，全联恰如其分地写出了“小西湖”的四时美景、山形地貌。亭内四壁用大理石建筑，上嵌历代名家书法刻石十八块。当中六石较短，刻朱熹、苏轼、倪云璐、赵孟頫、文徵明、查士标六人的行草；旁十二石较长，为米芾、蔡襄、黄庭坚、董其昌、祝允明、罗洪先、罗牧、程京萼、陈奕禧、八大山人、陆岳、郑簠等十二人的书法篆刻，石质细腻，石刻精美，铁画银钩，龙蛇隐壁。一室之内珍藏历代书法大家精品竟如此之多，令人大饱眼福……

檀干园融山水、田野、村舍于一体，充分展现了徽州独特精巧的造园艺术。有人这样评价：“整座园林，连同村落，恰似清奇的诗篇，起、承、转、合，余音袅袅。它有起景，有高潮，有结景，又有空间的过渡，主从分明……村内路随溪转，带敞廊的铺面临水朝街，一曲未终，另一篇绝妙的好词又开始铺叙了……”

这“另一篇绝妙好词”，便是唐模的明清水街。

檀干园内的小西湖连着一条小溪，溪流中成群的鸭子顺水而游。溪流摆脱了岸边水田，便被两排青瓦白墙的老屋揽入怀抱，这便是有名的“水街”。水街为旧时商业街，店肆前有近三米宽走廊，晴日遮阳，雨天挡雨。

水街中央就是建于明代的石质双孔廊桥“高阳桥”，整座桥面上建了五开间殿堂，堂中梁柱木雕精美，彩绘典雅绚丽。桥内小茶馆里，一张精巧的八仙桌与四张长凳相伴。停下脚步，泡上一壶茶，推开圆形木窗，桥底下的流水声和捣衣声，声声入耳；远处青山、近处楼台，帧帧入画。

走进唐模，就走进了一幅徐徐展开的有声画卷。

6 雄村：宰相故里

雄村档案：

雄村原名洪村，位于歙县，元末曹姓人迁入，取《曹全碑》中“枝分叶布，所在为雄”句，改名为雄村。雄村青山环抱，竹林掩翳，清碧的新安江水傍村流淌。这里走出了曹文埴、曹振镛父子等名人，村中有“江南第一古书院”——竹山书院。

在安徽，每一座古村落都有它迷人的一面。雄村也不例外。

雄村位于歙城西郊八千米处，东临渐江，北枕城阳山。其迷人之处不仅仅是其旖旎的风光，更因为它是一座教育发达、人才辈出的古村落。

徽商巨富曹氏家族从不忘投资兴学，激励子孙“寒窗苦读，功成名就”，他们奉行学田制度，使家族中天资聪颖、但因贫困不能入学者也能安心就学。建于清乾隆年间的竹山书院就是此制度下形成的产物。曹氏家族人才辈出，大多数源于竹山书院。书院为户部尚书曹文埴父亲与伯父所建。竹山书院正厅宏大宽敞，正壁悬蓝底金字板联一副，上联是“竹解心虚，学然后知不足”，下联是“山由篑进，为则必要其成”，对联为曹文埴所撰写。清代名人沈德潜、袁枚、金榜、邓石如等曾来此讲学。

桃花坝，是雄村沿新安江的一道石堤，坝上遍植桃花。优美的景致，为学子们潜心苦读营造了一个良好的学习环境。

“清旷轩”是桂花厅，园内植有月桂、八月桂等多个品种。在桂花厅通往竹山书院的回廊的廊间壁上，嵌有一大黟青石板，上面书写着三个遒劲雄浑的大字——“山中天”，字径尺五，为颜真卿所书。

桂花园西首有一座八角亭，正名为“凌云阁”，也称“文昌阁”。此阁高大雄伟，石基八面，高六尺多。它与桂花厅、八角亭和竹山书院连为一体，立于新安江畔，是徽州封建科举的摇篮。春日里，桃花盛开；秋阳下，丹桂飘香。烂漫的景致，汇集成雄村一道独特的风景。

雄村全景

雄村因其重视教育，为官者众多。这其中较为出名的是曹文埴、曹振镛父子。

曹文埴饱读诗书，25岁考中第四名进士，即传胪，官至户部尚书。相传乾隆皇帝六次南巡，都由其承办，深得乾隆皇帝信任。曹文埴的儿子曹振镛刚成年就考中进士。雄村曾经流传着他的一个故事。当年曹振镛在竹山书院就读时，顽劣异常，不肯用功。他的姐姐十分着急，规劝他。他便向姐姐夸下海口称会超过父亲。姐姐激他："你若为官，我当出家千里之外为尼。"曹振镛果然一举中榜，并官至军机大臣。姐姐为不食言，坚持要出家，曹振镛苦劝无效，又怕姐姐在千里之外孤苦伶仃，只得借当地俚语"隔河千里远"之意，在雄溪的对岸建立一座慈光庵，供姐姐修行。如今这座慈光庵依然在竹山书院对面的山间。

曹振镛中榜后走上仕途，任工部尚书，不久又升为体仁阁大学士。嘉庆皇帝出巡，曹振镛以宰相身份留守京城处理政务，代君三月。于是歙县民间流传着"宰相朝朝有，代君三月无"这句俗谚。道光皇帝继位后，任命曹振镛为武英殿大学士、军机大臣兼上书房总师傅，位列群臣之首，并赐建府第，在内宫悬挂他的画像。

雄村不仅仅出过曹氏父子，还出现过众多的文化、军事、经济、商贸等名流。据史料记载，仅明清两代，曹姓学子中举者达52人，有状元1人。在清代，

竹山书院

出现过“同科五进士，一朝三学政”的科举奇迹，实为历史文化大观。

在雄村，除了风景旖旎，重视教育，人才辈出外，还有一个具有重要历史影响力的地方。它临近桃花坝，位于著名的竹山书院西侧，是原雄村乡政府所在地。它就是中美合作所。

1943年至1945年，国民党中央军事委员会调查统计局重庆中美特种技术合作所派来人员和美国教官，在雄村开设了中美特种技术人员训练班，戴笠任主任，先后办了8期，送来受训的学员达6000余人。当时，新安江的沙滩和桃花坝都成了他们的操练场，竹山书院也是教务活动的地方。这里，让人更全面地认识了中美两国当年为共同反法西斯所做的努力，是一份难得的珍贵史料。

7 查济：典藏在深山的璞玉

查济档案：

查济，位于泾县桃花潭镇，是国家AAAA级旅游景区、全国重点文物保护单位、中国历史文化名村。现有古代建筑140余处，其中桥梁40余座、祠堂30座、庙宇4座。

离泾县桃花镇不远，一座古老的村子查济，因驴友、写生的画家、美术家们的寻访而闻名遐迩。

查济，远离城市喧嚣。有人说这里像是原风景的处女地，静谧，与世无争。石桥、流水、祠堂、庙宇……处处散发着古朴典雅的气息。

查济桥多、祠堂多、庙宇多。元代的“德公厅屋”，明代的“涌清堂”，清代的宝公祠等都是其中杰出的建筑艺术品。聪明的查济人巧妙布局，“依山造屋，傍水结村”，运用中国古典园林艺术的借景、对景等手法，形成“门外青山如屋里，东家流水入西邻”的格局。各家的房屋间有街巷相通，弯

春雨润染的查济村

弯绕绕，曲径通幽。石渠绕每家每户而过，查济河因落差较大，清澈的河水叠瀑式地流淌，沿河建有多道拱石桥、板石桥、洞石桥，将两岸民居相连。

“三水村中流，三塔拱四门，石桥跨河溪，两岸古建群。”查济的古民居虽零落，但规模庞大。它古香古色、质朴娴雅的气质，令其在桃花潭旁散发着独特的徽风皖韵，也吸引了一些著名画家来此定居，被称为“画家村”。

德公厅屋坐落于许溪河南岸扁官巷内，三层门楼始建于元顺帝至正年间，既是厅屋的大门，又是一座可以独立的牌坊。门楼内隔一道天井，便是厅屋三间不太大的和一般民宅相似的建筑，唯一不同的是，它的主要结构用到了十六根楠木柱。据记载，“永德公”的四个儿子继廉、继善、继福、继和均为明朝洪武年间重臣，分别担任广西兵备使、湖北巡察使、两河漕运史、浙江按察使等要职。当时他们想要建造庞大的祠堂纪念其父，又不敢得罪当代皇帝朱元璋，所以不敢铺张建造。于是，他们巧妙地借用前朝敕造的牌坊为门楼，盖了这么一座不显眼的房子。为了避嫌，内三间明朝初年建成的房子，是仿照元代所建造的门楼风格而建，可谓用心良苦。

德公厅屋曾用作挂面手工作坊。挂面是查济传统美食，有十二道主要工序，咸丰年间被列为贡品。

查氏一族对待子孙后代要求严格，自唐宋以来，就形成了一系列的家规、家训及家理，明嘉靖年间重新整理后留有家规十条、家训十四条和家理五条，主要内容是以孝道和祖先崇拜为中心而展开的。在查济，祠堂十分常见。对先祖的崇敬，彰显着查氏的孝道。

宋末元初的查济人查郁，因其人缘好，开基立业，建宗祠、修宗谱，规模宏远。后来，其曾孙查桂申更为发达，生有六子，而这六子个个发迹。于是，他们的后辈就在明宣德年间各建大祠堂一座，每座均具有自己的特色：有的气势恢宏，豪放粗犷；有的淡雅而富有诗意，精雕细琢；有的见砖不见木；有的见木不见砖。

这里查姓人群非常庞大，据说在极盛的明末清初号称有10万人口之多。这时期科举高中者居多，进入鼎盛时期，一门六进士、三进士，兄弟进士、文武进士、文武举人不胜枚举。据统计，明清两朝，查济七品以上的官员就达129人，他们发迹后，首先要做的便是衣锦还乡，修建祠堂；但经过历史变迁，现在只有二甲祠、宝公祠、洪公祠等为数不多的几座，依旧立于村间，用它们的斑驳，诉说着曾经的鼎盛和辉煌。

古村景美，传说也美。

在查济不远处的桃花潭，“诗仙”李白留下“桃花潭水深千尺，不及汪伦送我情”的佳句后，时隔不久，也来到了查济。李白受查济人查师模（官至中书郎、校书郎）之邀，来到查济的石门碧山游历栖息，数日流连而忘返，挥毫写下“问余何意栖碧山，笑而不答心自闲。桃花流水窅然去，别有天地非人间”的千古佳句。

查济原有七座汉白玉牌坊，在特殊时期被破坏殆尽，现在只存有一个贞节牌坊，是为一个叫徐秀姑的女人而建。传说徐秀姑14岁到查家来，尚未成婚，未来的丈夫就死于疾病，从此她以处子之身一生守寡，让后人感慨不已。

青山绿水、小桥溪流，查济美如画，也最入画。

8 龙岗：状元故里　红色学堂

龙岗档案：

龙岗村，位于天长市区以北30千米、美丽的高邮湖畔，具有1200多年历史。这里明清古民居特色鲜明，保存完好。中国人民抗日军政大学第八分校旧址坐落于古民居群中，与古民居交相辉映，使这里成为独具魅力的革命遗址游览胜地。

龙岗，古时又称“芙蓉岗”，据说原是高邮湖泥沙淤积而成的一片高地，犹如花瓣，状若芙蓉，因船民们经常在这里停息，久而久之，逐渐形成了一个熙熙攘攘的小村镇。小村三面环水，一到夏天，碧荷万顷，芙蓉点点。“芙蓉岗”就更加名副其实了。

龙岗有六条主街道，东大街、西大街、南大街、北大街、义井街、芙蓉街等按照三横三竖布局依次排开，犹如一个巨大的“田”字镶嵌在高邮湖畔。街道两旁的建筑大都建于明清时代，雕梁斗拱，排山隔扇，浮梁浮柱古朴典雅；古街幽巷，秀树参天，长条石板尤见容颜沧桑。

龙岗不大，但“诗书传家”的文风经久绵延，出过“戴府一状元”（戴兰芬）、“文武双探花”（韦镜湖、韦镜川）和“兄弟四进士”（陈于荆、陈于豫、陈以刚、陈桂森），可谓书香流韵，人杰地灵。

戴兰芬从小聪颖，读书用功，在父亲躬育下，6岁即能赋诗属对，科举应试一路高中。道光二年（1822），41岁的戴兰芬一举夺魁，考中殿试进士一甲第一名，成为天长历史上唯一一位状元，也是皖东地区唯一的状元。他先后担任翰林院修撰、福建乡试主考官、提督陕甘学政、翰林院侍读等职，一生都和文字结缘。因清正廉洁，政誉可嘉，后又升任侍讲学士。留下来的著述有《香祖诗集》《望明轩诗赋》等。

陈门四进士个个文采超群、政声斐然，其中陈以刚更是名噪一时，陈氏家谱中还记录有郑板桥拜见陈以刚的趣事。郑板桥属于后学晚辈，因为敬贤又恐遇到欺世之徒，某天他装扮成一个磨镜工人，手拿串铃，来到陈府门前叫唱。陈以刚隔墙听歌，起了惜才之心，招郑板桥至府内谈学论道，他一连住了20多天，这一时被引为美谈。两人自此往来甚笃，郑板桥也因此在天长留下不少真迹。

说起龙岗，不能不说起中国人民抗日军政大学第八分校，这座省级重点文物保护单位旧址就坐落于古村之中，与古民居交相辉映。

“皖南事变”之后，新四军进行整编。原江北指挥部所属第四、第五支队和江北游击纵队改编成新四军第二师，由张云逸副军长兼师长，罗炳辉为副师长。为了加强二师和根据地建设，在天长张公铺成立了中国人民抗日军政大学第八分校。后迁校至龙岗。抗大八分校由张云逸兼任校长，罗炳辉兼任副校长，冯文华（冯玉祥侄子）任教育长，高志荣任政治部主任，这些赫赫有名的将领立校，使得八分校共为二师培养出2500多名具有一定军政素质的干部，从而为加强部队建设做出了有力的贡献。

老一辈无产阶级革命家刘少奇、陈毅、粟裕、张云逸、罗炳辉、郑位三、方毅、张劲夫等曾在这里生活战斗过，文化界著名人士贺绿汀、范长江、沈亚威、沈西蒙等也先后在这里任教，使得这座千年古村镇成为与来安半塔、定远藕塘齐名的红色旅游胜地。

龙岗村是中国历史文化名村。它以自己独特魅力吸引了天南海北的游客，他们纷纷前来一探这座文化底蕴深厚、又充满红色记忆的古村。

龙岗古街

9 三河古镇：美食美景水乡韵

三河古镇档案：

三河古镇隶属肥西县，地处肥西县、庐江县、舒城县三县交界处，因丰乐河、杭埠河、小南河三水流贯其间而得名，是中国历史文化名镇、全国文明村镇、中国美食文化古镇，国家AAAAA级旅游景区。

三河镇是一座具有2500年历史的古镇。史书载，它最早名为鹊岸、鹊渚，夏商时代，渔人结庐避风于此，始有人居住。它本是杭埠河、丰乐河入巢湖时，携带的泥沙淤积而成的沙渚。当年，这一带的鹊鸟一定很多，它们栖落在渚上，叫个不停。

今天的三河，与江苏周庄、浙江乌镇、湖南凤凰一样，是出名的水乡名镇。丰乐、杭埠、小南河等三条河汇聚在这里，小南河更是贯穿了全镇。

这个风光旖旎的集市，得巢湖水运便利，一度非常繁华。如今，它焕发新的生机，古色古香的建筑、古朴的石桥，加上悠久的历史，让它神韵非同寻常。美食一条街上，许多点心铺、特色小吃店、酱菜店、干货店……吸引了远近游客。三河饮食文化源远流长，名点名菜取南北之长，集徽、川、淮、扬菜系特色。米饺是这里既普通又富特色的早点，用巢湖鲜虾作馅，格外味美。三河米酒，风味独特，同样是一道特产。

有历史的地方就有许多古迹。三河，河多，桥就多。三县桥，是众多桥梁中的一座，因地处肥西、舒城、庐江三县交界而得名。而彪炳史册的三河大捷，为这里留下了太平天国的英王府、大捷街……

古民街值得去看，有南街和西街两片。南街北起三县桥、鹊渚游廊，南起杨振宁旧居，这里保留了清代建筑风格，游人能感受昔日的市井生活。而刘同兴隆庄是这里建筑的一个代表，整座宅子为五进八厢，临街是一幢二层楼房，第二进为走马转心楼，第三进是敞厅，用于接待来客。置身其间，呼吸的仍然是古代气息。

小镇的双龙街有很多传说，据说宋太祖曾在此避难。这里也是庐剧《小辞店》故事发生地。镇上有座高大的戏台，经常进行各种演出活动。

来三河，最好能在这儿住上一晚，可以尽览这里的夜景。

皎月当空，古镇的河道上波光闪烁，街头灯火通明，伫立于三县桥上，漫步于大捷门下、英王府前，更能真切体会到三河镇的沧桑巨变，更能领略它新的魅力。

三河古镇夜景

石牌古镇全景

⑩ 石牌古镇：无石不成班

石牌古镇档案：

怀宁县石牌镇位于长江的西北岸、皖河之滨，是一座古老而年轻的集镇，是徽剧、黄梅戏的重要发源地。2017 年，入选第二批“中国特色小镇”名单。

石牌镇一度是怀宁县的县城。明清以来，这里是皖西南重要的农副产品集散地，商贾云集，货贿泉流。

皖河从这里流过，给这座城市带来了生机，也让石牌一度成为皖西南一个重要的港口和商品集散地。外地客商来这里收购皖西南特产，通过皖河进入长江。乾隆年间，石牌已成为皖西南举足轻重的商埠，江西、福建等地在此建有会馆。

漫步城外，滩涂上牛羊成群，渔民则将活蹦乱跳的鱼虾带到古镇上叫卖。

黄梅戏的韵味袅袅传来，在青石板上叩起轻音。

著名戏剧家曹禺当年来到石牌，说自己是来朝圣的。石牌钟灵毓秀，人文荟萃，素有“戏曲之乡”的美誉。这里曾诞生了杨月楼等徽戏名伶，京剧鼻祖程长庚的祖籍也在此，因此有“梨园佳弟子，无石不成班”之称。清朝同治、光绪年间，石牌的黄梅戏班社也如雨后春笋。

晚清之际，商人、匠人、船夫、塾师、厨师、讼师各色人等来自东南西北，将各地的民俗文化带了进来，促进了戏曲的发展。在石牌，可以参观戏曲文化园；通过徽剧大街、黄梅戏大道两条戏曲文化景观主轴，能充分领略“中国戏曲之乡”的魅力。

石牌存有四大老街，分别是丁字街、永兴街、后街、正街。其中丁字街主要为商贸街区，建筑风格为明清建筑；永兴街在建设路的末端，房子有飞檐、有马头墙，街上多为小商品买卖；后街多是木楼，一些老人坐在街上，拉着二胡，哼着各种调调，显得很祥和。

石牌镇有麻塘湖，湖光旖旎，碧波澄澈。这里鲫鱼味道鲜美，据说当年周恩来喜爱用它招待外宾。

11 鸠兹古镇：扁担河畔马头墙

鸠兹古镇档案：

鸠兹古镇位于芜湖市经纬二路，徽派建筑群，以扁担河为界分为东西两个板块：西侧是静态区域，以书院、会馆、名人故居为主，重在体现商帮会馆文化；东侧是动态区域，以风情酒店、特色小吃、酒吧休闲类为主。

鸠兹是芜湖市的象征。古时芜湖地势低洼，是遍生“芜藻”的浅水湖，盛产鱼类，“鸠鸟兹生”，故名“鸠兹”。

潮州会馆、徽州会馆、湖南会馆，一个小镇上聚集了往昔的商帮会馆，还有俞宅、吴明熙大宅、张宅、王宅等展现名人故居文化；李漱兰堂、通德堂、项家钱庄、留春园，可见它文化厚重。

美食街、文创街、古镇文化体验街等七条街区贯穿其中，全国特色美食聚集于此。景区内设贾儒堂、空中戏楼、民国邮局等12个极具地方特色的文化景点。在这里有各类民俗活动可供游客体验，同时可观赏到展现徽商发展历程的大型实景演出。

在南宋时，这里即为草市，元代已成为芜湖重要商埠，也就是传颂的鸠兹老街。再后来，由于有了徽州商人的介入，老街更加繁华。到了清代中期，这里已是车水马龙，商贾云集。

数百年以来，徽商在这里经营木材、茶叶、粮食、典当、文房用品、布匹、饮食、盐业、药材等，他们“募工冶铁”，“开设染局”，“贷本经商”，使得鸠兹古镇繁华一域，是为芜湖城边重要的商业次中心。

扁担河边的这座古镇，曾成就了阮弼、汪一龙、张文金、朱锦堂、胡贞一、李经方等一代代经商之人。他们都为某个历史时期的业界翘楚，比如，李经方是晚清权臣李鸿章六弟李昭庆之子，过继给李鸿章为长子。其时鸠兹的繁华与地位由此可见。

芜湖扼长江之要冲，东临苏沪，西接湘鄂，南通浙赣，北达中原，舟车四通八达，为商贾抢滩云集之地。这也就留下了许多重要建筑。鸠兹古镇内的大江镖局，以明清时代为背景，大面积采用徽州三雕的建筑特色，以真实场景全面展示徽州镖局的历史沿革、组织机构与经营管理等内容。大江镖局是以“水上镖局”的形制打造。镖局的庭院内，划有射箭靶场与练武场；议事厅中陈列着镖船；左侧有镖局的陈设厅，可供游人了解镖局的内部管理制度。大江镖局内，还有安徽省首家暗器展陈馆。对古代兵器有研究兴趣的游客，在这里可以大饱眼福。

鸠兹徽商百杰馆，有古今撰写徽文化、徽商文化的第一长联。一楼展厅中，陈列着关于徽商的历史及发展介绍，形成了徽商人物百杰谱，包括著名教育思想家陶行知、铁路工程专家詹天佑在内的安徽历代杰出人物的故事尽数展现，展示徽商重读书、识礼节、扬文风的生活场景；还有“谢裕大”茶行的创办者谢正安，清代著名的盐业徽商巨富江春，胡氏茶号经营者胡增钰，宫廷用剪的创始人张小泉……行走其中，一个个久远而生动的人物形象与传奇故事迎面而来；历代俊杰的昔日风采，犹在眼前。

鸠兹古镇寻芳楼，展出各种珍贵的文献资料、书画作品、实物、图片等，可以去了解一个时代。

夜晚的鸠兹古镇更有风情，扁担河两岸打造了梦幻临水区域，分布着充满休闲气息的茶吧、书吧、咖啡吧等，游客还可乘游船、赏古镇、放河灯，让人有一种欲醉欲仙的感觉……

⑫ 大通古镇：新洲灯火照古街

大通古镇档案：

大通镇位于铜陵市西南，古名“澜溪”，建镇已有千年。历史上的大通，曾是一座闻名中外的江岸重镇，与安庆、芜湖、蚌埠并称安徽“四大商埠”，是安徽“两山一湖”（九华山、黄山、太平湖）的北大门，是九华山头天门所在地。

“扁舟经月住林隈，谢得黄莺日日来。兼有清泉堪洗耳，更多修竹好衔怀。诸生涉水携诗卷，童子和云扫石苔。独奈华峰隔烟雾，时劳策杖上崔嵬。”这是明代学者王守仁停舟江边名镇大通时所作的诗，可见当时大通的优美。

大通，是一座具有千年历史的江南名镇。据史志记载，大通唐始设水驿，曰大通水驿。南宋时期，“日出而市，及午而散”的集市活动已由“镇”所代替。明清之际，它曾是一座闻名中外的江岸重镇，为安徽四大商埠之一。它分为和悦街和澜溪街两个历史街区，隔江相望，一江两岸，各具特色。

大通还曾叫过“鹊头镇”。古代长江没有江堤，每逢夏季水涨，两侧是一片汪洋。九华山余脉——长龙山像一只鸟头伸到长江中，这一段长江叫鹊江，大通名鹊头镇。过去九华山叫陵阳山、九子山，所以鸟头位置的羊山矶古时叫“阳山矶”。春秋时公元前537年，吴楚两国在鹊江边曾打过著名的“鹊岸之战”。

澜溪街是由青石板铺就的。路的两旁，一些老商号和祠堂的字号标志依稀可见。报馆、银楼等建筑物的遗址还在，处处透着休闲安逸的气息。

街的尽头有渡口。对面是一个灰绿色的岛，像漂浮在水面上的龟壳，那里是和悦洲。历史上，这里船桅如林，人流如潮。和悦街上也是徽派建筑，有圆拱形的门，屋檐则带有一定的弧度和弯弯的角。马头墙、吊脚楼与青石板铺就的巷道还留有明清时代的风味。那被雨水淋得发亮的黄麻石，与残垣断壁、沧桑破败的商铺都昭示了一种沧桑。不知名的小花在各处争相绽放，阔叶草从墙缝中长出，这些把和悦街点缀得像是意境深远的油画。

历史总是让人感叹。当初，这繁荣大街上满是达官贵人。大通轮船招商局、虞洽卿的三北轮船公司、国民政府六大银行直属大通分行、四家日报馆、两家火力发电厂、众多旅馆客栈、各类商铺与工厂等，其繁华胜景在1938年日军那场惨无人道的大轰炸中变为乌有。李白、金乔觉、杨万里、陆游、黄庭坚、包拯、朱元璋、王阳明、汤显祖、佘翘、曾国藩、彭玉麟、洪秀全、李鸿章、秋瑾、柏文蔚、黄炎培等名人，在这里踪迹可寻，故事永流传。

大通镇旅游资源丰富，镇内长龙山、慈堂湖山水相映，天然成趣。明清古井、天主教堂、古牌坊、水口景点、羊山塔影、红庙钟声、梅冶风帆、南湖胜览、龙山夕照、鹊渚晨曦、澜溪罾捕、新洲灯火都让人留恋。

大通老街

⑬ 柘皋古镇：三千年历史重镇

柘皋古镇档案：

柘皋，距今有3000多年历史，古称“橐皋”，西周初期群舒一支在此建立宗国，春秋时先属楚后属吴。南宋时改称柘皋，清末曾为安徽三大重镇之一。其中，北闸老街保留了众多明末清初的古建筑。

柘皋是一个具有3000年历史的江淮名邑。它曾以“宊邰”之名被刻记于楚简，并以“橐皋”之名被载入《春秋》，汉代设县。现为安徽省综合改革试点镇、全国重点镇，是合肥市环湖十二镇之一。

柘皋地理位置优越，水陆交通便捷。312国道与合巢芜高速公路交叉穿境而过并在镇区交汇。

它同样是因河流而兴起的古镇。镇中穿流柘皋河，河源于浮槎山东麓。柘皋河曾经是古巢湖的湖湾，经长期泥沙沉积，淤为湖滩，在山洪冲刷的过程中形成河流，明末清初始筑堤圈圩。柘皋河连巢湖通长江，可常年通航，系一天然黄金水道。

柘皋老街

柘皋素来商贸发达，为巢北最大商品集散地。柘皋镇的老街叫北闸老街，与柘皋河平行，是条2000多米的长街。沿街面两边是清一色的明末清初建筑，已经历经数百年的风雨砥砺。老街的房舍有两进、三进、多进不等，其中以李鸿章家族遗留的当铺规模最大，号称“江淮第一当铺”。该当铺位于老街的正中间，两层建筑，门面是用青石板建成的，当铺一共有七进房子。三座高大的石门门额正中雕刻着八仙图。据说，北洋军旅长孙百万曾率兵抢劫李鸿章当铺，被劫掠一空的李氏当铺从此衰落。

整条街都是店铺。街口有两家金银器作坊，此外，杂货店、裁缝店、酱坊、当铺……宽四米的巷陌两边，粉墙黛瓦，飞檐翘壁。柘皋八景，蜚声方圆数百里。

历史上，吴王夫差曾在此大会过诸侯，所以柘皋又被称为“会吴城”。三国时，曹操曾在此屯兵。宋金曾在此进行“柘皋大战”，决定了历史的走向。绍兴十一年（1141），金军退到巢县西北的柘皋镇，认为此地一马平川，最便发挥自己骑兵的优势，便把数万骑兵布置在这里。宋军与金人在柘皋展开大战，经过激烈鏖战，终于打败金军。金军退出庐州。宋军将领张俊根据不准确的情报，北上追击金军，企图独享战功，不料中了埋伏遭金军伏击，后以失败告终。由此宋金签订“绍兴和议”。

老街附近有座“遇难桥”。传说当年朱元璋在此遇难，得一渔翁相救。朱元璋当了皇帝后，派人重修了这座桥。后人为讨吉利，取谐音将桥改名为“玉兰桥”。望着桥上行人，桥下流水，自然会让人感慨不已。当年因水陆交通便利而繁盛起来的镇市，吴王夫差当年大会诸侯，曹操驻军，宋金交战，留下了许多政治、军事、经济遗迹。抚今追昔，令人沉思。

柘皋人有吃早茶的习惯，这源于古镇的“商埠”历史。昔日商贾云集，造就了早茶的兴盛。柘皋早茶过去有“八大件”，分别是拌千张、狮子头、马蹄酥、烧卖、油炸锅巴、锅贴饺、千层饼和麻饼。坐在镇上雅致的小餐馆里，品尝传统美味，确实令人回味不尽。

14 运漕古镇：书写漕运史诗

运漕古镇档案：

运漕镇，位于含山县，上通巢湖，下达长江，裕溪河、牛屯河将其环抱。运漕镇始建于南北朝，距今近1500年。三国时，曹操举兵伐吴，在这里屯兵，为行军作战和粮草运输之便，开挖漕河。明朝成化年间，运漕镇由河名衍化而成。2014年，被评为“中国历史文化名镇”。

运漕镇因漕运而名，是一个古老而又极富特色的小镇。

追溯起来，它发展于三国东吴赤乌年间。原是古长江泥沙淤积而成的一块高地，因长满芦苇蒿草，叫“蓼花洲”。曹操伐吴之际，曾在此地屯兵，为便于运输粮草而开挖濡须水，也就是裕溪河。此后，魏、吴两国多次在运漕镇一带展开争夺战，小镇也随着形势起伏而繁荣、衰败。

八百里巢湖通过裕溪河与长江相连，运漕镇恰在巢湖与芜湖之间的河之北岸，得天独厚的地理位置让运漕镇繁盛一时，尤其是明清之际得到迅速发展。明朝开国皇帝朱元璋起兵时，运漕老百姓支持了他。做皇帝后他钦点运漕为“十二圩盐引岸”，即食盐专营口岸。运漕随之进入徽商的视野，他们纷纷前来建盐仓、设铺面，小镇顿时声名鹊起。

芜湖开埠通商后，运漕的航运也得到了发展。李鸿章奏请清廷将原镇江七浩口米市迁至芜湖，运漕镇作为芜湖米市在江北的集散地和中转站，经济繁荣，盛极一时。也因此，镇上曾遍布“砻（lóng）坊”，就是将稻米碾压去壳后出售的米店。其中，以“薛瑞丰砻坊”最为出名。

康熙年间的县志记载：“运漕镇居民稠密，商贾辐辏，旧设巡司。”据《舆地纪胜》和《中国古今地名大辞典》载：运漕镇始于东晋，古称漕运，明末清初改为运漕，沿用至今。

徽商的到来，也改变了这里的建筑。徽州民居、祠堂、牌坊在运漕纷纷建立

老街，透着历史的沧桑。

起来。青砖小瓦马头墙成为古镇典型的建筑风格。镇上原有36条大街，72条小巷。如今，古镇上大街、小北门一带仍有许多保存较好的黛瓦粉墙的徽式民居，错落有致、青白相间，犹如一幅透着沧桑古韵的中国水墨画。

镇上有“李鸿章当铺”，为李鸿章之弟李蕴章所办。前后五进院落的徽派建筑古朴素雅，进门第一间房内，以雕塑的形式再现了古人典当的场景：一名衣衫褴褛的男子手捧一匹布立于柜前，栅栏后的典当师居高临下，以垂立的左手与隐藏身后的另一位典当师互通信息，十分生动传神。此外，薛氏作坊、佘氏祠堂、向氏古民居、渡江战役烈士墓，都诉说着不同色调的历史。

“鲍义兴”茶馆至今繁盛。一大早，来吃早茶的人络绎不绝。“早上皮包水，晚上水包皮”，运漕人的生活习惯同扬州很相似。所谓“皮包水”就是吃早茶，“水包皮”则是泡澡，镇上至今仍有六七家澡堂。

脚踩青石板，步入那曲径通幽的小巷，仰望两侧的小木楼、雕花镂空的木窗，不禁让人感叹，运漕是一篇经久耐读的“好文章”。

运漕老街

长临河老街

⑮ 长临河镇：安徽第一侨乡

长临河镇档案：

长临河镇位于肥东县最南端，濒临巢湖，是安徽省第一侨乡。近年来，长临河镇致力于"打造环湖首镇，建设生态慢城"，为全国文明村镇、中国华侨国际文化交流基地。

长临河镇在青阳山脚下，紧邻巢湖，枕山面水，长宁河环绕而过，富有诗情画意。

这里历史悠久。镇上有座长宁寺，建于三国东吴赤乌年间，青阳山北麓之水经长宁寺注入巢湖，谓之长宁河。地因河得名，又濒临巢湖，后来更名为长临河。清朝末年，由于漕运兴盛，古镇为巢湖北岸地区的商品分销集散地，一度兴盛。

青砖小瓦马头墙，木雕门窗冬瓜梁，修缮一新的历史古迹，一下子能把人带回到那个昔日繁华的"小上海"。古镇特色主要体现在两条老街上，南北街长360米曰老街，东西街长240米曰东街，两条街形成一个"丁"字。传说长临河古镇像一艘宝船，绕过古镇的长宁河仿佛一条纤绳，拉着宝船驶入巢湖。这里居民吴姓居多。丁字街为吴氏先祖设计，寓意像锚和钉一样稳固宝船、稳固根基，此外盼望吴氏家族人丁兴旺、子孙发达。

老街的文化广场镌刻着《长临河古街记》：长临河古街，山环水抱，位居巢湖之滨，内有东街老街，呈钉、锚状，故又名“丁”字老街，取“宝船永固”之意。

北街口有座准提寺，始建于南宋，门头上横有大的牌匾，由安徽省佛教协会会长妙安大和尚题写。殿内供有高大的准提佛尊，三只眼睛好像能看透众生的心灵，看淡人间是非。

历史上，长临河名流辈出。这里走出过20名国民党将领，刘和谦、罗本立还是前后任的参谋总长。此外，它还是著名的侨乡，全镇有分布在美国、加拿大、新加坡、澳大利亚和欧洲众多华侨和台胞。

行走在古镇上，一路可见吴忠信旧居、蔡永祥纪念馆、老邮局、老相馆、老油坊、老理发店等，让人可感可触往昔的辉煌。其中老邮局为三进四厢两院，全木结构房屋，至今已有300多年历史，之前是淮军将领吴毓芬、吴毓兰的老宅。民国初年这里成为肥东县最早的三家邮政局之一。

长临河镇六家畈是一个濒临巢湖的古村落，居民多为吴姓。南宋时，吴氏一世祖吴宛廷自古徽州婺源迁至茶壶山东，二世祖吴再三生六子迁至这里，后发展成村，起名六家畈。村中人才辈出，尤其是晚清时期，出了许多淮军将领，他们大多官高位显，在家乡大兴土木，留下的建筑大多为砖木结构，雕工精细。

六家畈西行，出马槽巷，在巢湖岸边有一座巍峨的古塔，这就是振湖塔，为清光绪年间吴氏族人集资而建。塔上系有铜铃，风吹着铃铛，叮当有声，给人一种清脆悠远之感。登塔俯瞰四周，湖光山色尽收眼底。

16 独山镇：红绿相衬茶谷镇

独山镇档案：

独山位于六安市裕安区西北，大别山山脉东麓，淠河水源头，是全国重点镇、全国红色旅游先进单位、国家AAAA级旅游风景区、安徽省历史文化名镇。

独山镇苏维埃城入口

漫山遍野的红，仿佛一幅鲜活的油画，锦绣如霞；又宛若一首绮丽的小诗，婉约成一缕馨香。这种意蕴与独山镇很是吻合……

独山，秀美的山镇，镶嵌在大别山东麓，淠河水源头。它是一块集红色、绿色、蓝色于一身，汇古老韵味与年轻活力于一体的多彩土地，地形地貌被概括为“七山一水一分田，半分道路和庄园”。

独山镇是将军的故乡，所以别称“将军镇”。这里是中国革命的策源地之一，有九处革命旧址群，有邓小平亲笔题字的“六霍起义”纪念塔，是国务院公布的首批全国三十条“红色旅游精品线路”之一，素有“一镇十六将，独秀大别山”的美称。

这里资源丰富，特色明显。天馈珍品六安瓜片原产于此，香飘四海；万亩翠竹，装点江山；手工竹艺，行销东南亚；优质花岗岩“独山红”，品质优良，全国独有。

这里佳木奇葩，不胜尽数，杉木、石料、板栗、柏杨、油茶、蕨菜、灵芝等特色山珍远近闻名。

这里交通便利，四通八达。据山口，拥淠水，得天独厚的区位优势，历来为兵家必争之地，更是经济建设的战略要地。修饰一新的沥青马路似一根根飘带把小镇与外面紧密相连。

这里山清水秀、人杰地灵。千余年的文化积淀，造就了一批杰出的独山人。台湾首任巡抚刘铭传与这里血脉相连，无数红军将士为革命抛头颅洒热血，他们都是大山的骄子和骄傲。独山中学，培育的莘莘学子，学成名就，尽显风流。

淠河水绕镇而过，波光粼粼，虎头潭静中有动，深不可测，更有佛教圣地九公寨，神话千年的独山寺，穿云破雾的黄巢尖，神秘莫测的观音洞，风景秀美的响洪甸库区，给人以“当惊世界殊”的感叹。

传说很久以前，齐头山与黄巢尖比本领。黄巢尖问怎么比？齐头山说，比谁长得快、长得高。话音刚落，齐头山就抢先往上长，瞬间已耸入九霄云外，欲犯天公。观音圣母见齐头山傲长，大为恼怒，遂命随从一剑将齐头山山头斩掉。山头落在千亩平原上，形成这座孤峰，这便是现在的独山。明朝刘伯温在归隐后，游山览胜，其著作《堪舆风水乾集》中云“独山里面好明堂，外宫九曲势飞扬”，称赞独山景物之壮丽。

绿水青山，风光旖旎。黄巢点将、龙井怪石、虎头深潭、皖西第一漂、观音迷洞、凤凰奇松、双峰漫雾、将军游芳、王母仙床等景点风光宜人、各具特色，让人拍手叫绝、流连忘返。以独山古刹、九公耸秀、望江寺塔为代表的宗教旅游景点，每年吸引海内外游客来此祈福拜谒。

独山，是一首有着永恒主题的诗，岁岁年年发表在季节的稿纸上，感动情绪，感动生命……

17 正阳关镇：七十二水通古镇

正阳关镇档案：

正阳关位于寿县，地处淮河、颍河、淠河三水交汇处。它是中华名关之一，有2500多年的历史，是淮河中游重要的水运枢纽，有“七十二水通正阳之说”。

正阳关得水运之利，擅舟楫之便，自古商旅云集，市场繁荣。它古称颍尾、颍口、阼石、羊市、羊石城等。《左传》有“楚子狩于州来，次于颍尾”的记载，以此计算，正阳关镇已有2500多年历史。明成化元年（1465），朝廷在这里设立收钞大关，令其直属户部管理。

它今属寿县，为安徽省重点建设的中心镇。1949年后，正阳关和肥西三河镇一样，曾一度被设为市，叫正阳市，可以想象当时的繁华。

时代总会改变一些地方的命运，随着水运的衰落，正阳关也逐渐散去古代名镇

正阳关城门

古镇的石板路

的商业气息，展现新的身姿。现在正阳关镇已形成了绣品、羊毛衫编织、船舶修造、翻砂铸造、纸品包装、板材加工、肉鸡养殖加工、粮油食品深加工以及大棚蔬菜等支柱产业，拥有正阳关绣品总厂、正阳船舶修造厂、镇南铸造一条街、正阳关镇羊毛衫厂。

历史上正阳关虽屡遭兵燹和洪水侵害，至今仍有保存完好三座城门，分别是北门、南门、东门。三座城门内外门额上都镌有古人的题字，字体或雍容端庄或遒劲苍润，是难得一见的书法珍品。北门内额题字为“拱辰”，外额题字为“凤城首镇”，这是明代的遗存，当时这里归属凤阳府管辖。南门内额题字“解阜”，外额题字“淮南古镇”。东门内额题字“朝阳”，外额题字“熙宇春台”。单从这几座遗留下来的古城门，就能看出正阳关有厚重的人文积淀。

正阳关有三条河汇聚，水产品极其丰富。其中远近闻名的淮王鱼，又称“回黄鱼”，是淮河中寿县到正阳段独产的一种名贵鱼种。它形似鲶鱼，呈鲜黄色，嘴扁且长在头的下部，身体光滑，无鳞，现在已不多见。

正阳关的民间艺术中，肘阁表演远近闻名，表演者由身强体壮的大汉和一些六七岁小男孩、小女孩组成，有着鲜明的地域文化色彩。

正阳关美味多。淮王鱼新鲜，地道的土菜则散发着一股清香。吃完饭，在街上遛遛，那些古朴的格门、花窗、四合院、马头墙式的明清古民居，会被烙进心里。

18 临涣古镇：大碗茶里故事多

临涣古镇档案：

临涣镇，古称铚，又名古茶镇，位于濉溪县中南部，是一座具有千年历史的古镇，曾获“中国民间文化艺术之乡”“安徽省特色景观旅游乡镇”等称号。

在临涣镇茶馆喝茶的人们

临涣镇位于濉溪县西南约35千米处，是一个烟火味十足的古镇。人们在这里可以尽情享受慢生活。

临涣的名字，也因为历史人物蹇叔、嵇康、戴逵而显得厚重。他们从这片土地上走出，以智慧和才情，名号一直闪耀在史册里。

这里有淮海战役总前委驻地旧址——文昌宫，始建于唐代，原名尚书宫，又名藏书宫，后改为昌帝庙。据说，武则天出行江南时，昌帝庙又被改造为一座行宫，可见它非同一般的地位。今存的文昌宫青砖灰瓦，坡顶结构，分南北中三进庭院，被列为全国重点文物保护单位和全国红色旅游经典景区。

在临涣镇行走，可以看到一幅生动的皖北风情图，各种手艺人、各种说唱者，把老街装点得格外生动。临涣街上的特色之一，就是茶馆多。

临涣的茶馆，最早兴起于明朝末年，清末则多达十几家，一直延续至今，是当地文化社交的聚集地。馆内有淮北大鼓、评书、琴书等地方曲艺表演，接受客人点唱。这里的老茶馆，大都临街，粉墙黛瓦，门面简陋而淳朴，保持着清代建筑风格，室内经年黑乎乎的，土瓷茶具，桌凳也全是木制的。

老茶馆茶香价廉，只消花上一元钱，便可以不计时辰地泡在茶馆里。来这里饮茶的，多数是老人。一壶清茶，一捧瓜子儿，便可以随心所欲，闲聊笑谈。也有来这里商量事、谈生意的，往往拎一瓶老酒，外加两个小菜，一边喝茶，一边饮酒谈事。

临涣茶馆，不仅茶水好，气氛也迷人：坐在茶馆之中，听各式人等闲聊，真是一个独特的观察社会的窗口。夕阳西下，微风吹拂，所见所闻，就是这个小镇的沧桑变化。

临涣古城墙，被国务院认定为国家级重点文物保护单位。古城墙是我国延续时代较长、跨越朝代较多、没有发生过大的变迁的古城垣。它始建于春秋战国时期，当时此城较为高大宽广。入六朝、唐、宋，临涣为郡为县。几经沿革，至元朝至正年间，始裁临涣县，并入宿州。城郭变迁，仅余土墙。临涣古城墙作为古时的一项军事防御工事，除高大坚固的墙体等建筑外，城墙之上还有众多配套的军事设施和各种建筑。

老茶楼

临涣古城的地上、地下、城内、城外，都蕴藏着丰富的历史，在这里随手可以捡到两千多年前的瓦片、陶片，将其握在手中，望着夕阳，那些历史人物、历史事件，会又一一浮现。

⑲ 义门古镇：皖北重镇苔干乡

义门古镇档案：

义门镇位于涡阳县西北部，历史悠久，是方圆百十里工农业产品的重要集散地。今以土特产——贡菜苔干为龙头带动其他产业，被国家命名为“中国苔干之乡”“药材产区”。

义门古镇的历史源流较早。据《义门区志》记载，春秋战国时代，义门就是楚国的要塞。东汉时期，义门出了一个历史上有名的孝子，叫作韩伯俞，“伯俞泣杖”这个成语，就是由他的故事而来。

韩伯俞幼年丧父，母亲对其管教很严，他做错事母亲就会用手杖责罚。每当这时，韩伯俞低头躬身等着挨打，打完了，他才和颜悦色地低声向母亲谢罪。有一天，母亲又因故举杖打他，但是由于年高体弱，打在身上一点也不重。伯俞忽然哭起来，他说母亲打在身上不重，知道母亲已筋力衰迈，为此感到悲哀。到今天，故事还在当地广为流传，滋养着淳朴民风。泣杖祠、伯俞广场，也成了人们参观、休闲的地方。

据《颍州志》载：“义门唐时为真源县。”真源县在安禄山叛乱中遭到战火焚烧，县衙仅剩一座仪门。所以后人据此称之为“仪门镇”。同治年间涡阳建县，将“仪”改为“义”。

义门俗名“庙集”，因为古时这里庙宇林立，名胜众多。几经沧桑变迁，至今义门仍有千佛阁、龙王庙、城隍庙、关帝庙、玉皇庙、清真寺等十余座庙宇。

在千年的历史嬗变中，义门形成了独特的地方文化。“儒林社”已经有近百年历史，至今发挥着传承传统文化的作用；传统武术查拳、洪拳在这里十分流行。历史上，这里商贾云集，南北交融，有山西、陕西会馆。

涡河穿镇而过，这就为这座皖北古镇带来了灵性与韵味。真源南路、光明路，既有古朴气息，又洋溢着新时代的光辉。古镇还是著名的“民舞之乡”。

古镇入口

每逢庙会，独具风格的民间舞蹈如鬼会、高跷、花鼓灯、棒鼓舞、腰鼓队、狮子舞、大头和尚戏柳翠等，还有竹马旱船、龙灯、九女捕伞、杂技团等齐齐出场，锣鼓喧天，热闹非凡。

义门的美食继承药食同源法则，多数菜肴佐以中药材而成为“药膳”。义门熏牛肉因其独到的腌制方法美味难掩，清真羊肉汤也令各地的老饕们流连忘返。此外，壮馍、羊肉包、黏面馍、豌豆馅、火烧、马糊子、油茶、芙蓉鸡、熘粽子、缸炉烧饼等独具特色，数不胜数。

义门古镇是闻名的“苔干之乡”，义门苔干久负盛名，在清朝就被定为“贡菜”。周恩来喻其为“响菜”。苔干含有丰富的营养素，被称为“天然保健食品”“人造海蜇”和“植物营养素”。

如今，历史厚重、文化独特、特产众多的义门，成了打开皖北地域文化之门的钥匙。

千年街巷

十里街巷，百味人间。

在名村古镇星罗棋布的安徽，那些承载光阴流转的街巷，成了历史最好的见证和传承：不论是脚夫和水运，纤出来的河流之村；还是文风昌隆，名流汇聚的礼仪之乡；抑或是舌尖美味荟萃的美食小街……

这些街巷以文化为魂，犬吠与鸡鸣声中，洋溢着生命趣味。那些斑驳建筑中，何尝不是响彻沧桑的历史跫音？

20 屯溪老街：流动的“清明上河图”

屯溪老街档案：

屯溪老街被誉为流动的“清明上河图”，中国历史文化名街。它坐落在黄山市屯溪区中心地段，北面依山，南面傍水，全长1272米；由不同年代建成的300余幢徽派建筑构成的整个街巷，呈鱼骨架形分布，是中国保存最完整、最具有南宋和明清建筑风格的古代街市。

横江、率水穿越皖南大地后汇流在一起，形成了一个水埠码头，屯溪便发展起来了。

屯溪老街的徽派建筑，小青瓦，马头墙，门内缩楼外伸；门楼接门楼，家家悬古匾；一街多半砖木结构，楼阁玲珑，画栋雕栏，好一幅典雅神秘的山外画卷，好一个浓淡相宜的世内桃源。

老街的历史很悠久。南宋时，宋王朝移都临安，外出的徽商返乡后，模仿宋城的建筑风格在家乡大兴土木。元末明初，徽商程维宗在华山脚下新安江畔兴造了八间客栈，史称“八家栈”。此后不断发展，到明朝嘉靖年间，屯溪已是中国著名茶市之一。清朝初期，随着屯溪茶商崛起，“屯溪绿茶”外销兴盛，茶号林立。到清朝末年，钱庄、典当、银楼、药材、绸布、京广百货、瓷器等行业云集，兴盛一时。

太平天国时期，老街遭受火灾，一度衰落。1978年电影《小花》在全国公映，镜头里的老街以其独特清新的风格令亿万观众倾倒，老街再度走红。

老街沿街近300家店铺，大都为两层，属典型的下店上房、前店后坊；砖木结构，以梁柱为骨架，外实砌扁砖到顶。牌坊上的“老街”二字出自书法家黄澍之手，碑味十足。两侧店铺门楣上流光溢彩的金字招牌，出自王朝闻、启功、沈鹏、亚明、唐云、林散之、黄苗子、费新我等书坛名家之手，平添意蕴。可以说，行走在老街上，优雅的文化氛围、浓郁的商业气息，让人沉醉。

古色古香的屯溪老街

茶楼酒肆，书场墨庄，匾额旗招，朱阁重檐。明清年代的街市情趣在这里重现。屯溪博物馆，藏有国内最大的宋坑金星金晕砚板、法华釉瓷枕、春秋青铜器、金丝楠木徽州床及新安画派古字画。万粹楼，糅合了徽派民居、园林、商铺的风格。来到老街，值得慢慢品味。

老街上特色商品琳琅满目，黄山毛峰、太平猴魁、祁门红茶、屯绿炒青、黄山石耳、黄山香菇、黄山竹笋、墨子酥、歙砚……应有尽有。在这里，还可以品味到正宗的臭鳜鱼，肉质醇厚入味；可以品尝秀嫂挞馃、肉酱、槐花等，咸甜兼顾，荤素搭配，齿颊生香。

牌坊壁照，典雅鲜亮。繁华的老街旗幡招展，满街弥漫着现代生活气息，又蕴涵古典情怀。各种语言、各种肤色的人们融入这天上人间的都市，演绎现代版的“清明上河图”。

21 水东老街：十八踏里说沧桑

水东老街档案：

宣城市水东镇位于宣州区东南，与广德、郎溪、宁国交界，是宣州区东大门，始建于唐代，有1000多年历史，文化底蕴深厚，现有明清老街及宋代山庄。

水东镇是靠着水阳江发展的。它始建于唐代，繁荣于明清，有1000多年历史，文化底蕴深厚。境内龙泉洞环境优美，吸引游客前来参观。

水东老街保留着原汁原味的江南古镇风貌。它现存古宅面积有3万多平方米，街道全长740米。上街头、下街头、正街、横街、当铺街、网子街、沈家巷等街巷纵横交错，形成连环街市。

这里遍地明清徽派建筑。内部架构简洁匀称，雕梁画栋，别具匠心，有很高的工艺水准和研究价值。“大夫第”“乌龙院”“防火钟楼”“汪同发油坊”“庆昌仁当铺”，是老街代表性的建筑。老街很沧桑，对于老街而言，沧桑是一种独特的魅力。

踩着青石板，想着它的岁月时光。街巷很窄，左拐右弯，有的地方纵横交织。徽式建筑风格的房子，房子挨着房子，多是商铺，“老何洋铁铺”“东升食品”“汪记木梳”“魏记枣木梳”，这些店铺在外地很少见，保存了一种生活姿态、一种时光记忆。冬日里，街上的居民坐在门口晒着太阳，与世无争，自在安详！

老街入口处有宁东禅寺，寺院里香火缭绕。宁东寺又称三官殿，是一座有着千年历史的古刹。鼎盛时期，殿宇九十九间半，金身佛像三百六十尊。“千年香火地，万古宁东寺”是对其鼎盛时期的描绘。老街南面还有一个保存完好的天主教堂，建于清光绪年间，是华东第二大圣母教堂。佛教、天主教在古老街巷共生共荣，这算得上奇特。

老街的“十八踏”和“五道井”，是两处极有特色的历史遗留。用青石板砌

水东老街

的台阶，通向水阳江水运码头，共有十八级，所以叫“十八踏”。沿“十八踏”下来，左边有一方形古井，清澈见底。据说，像这样的古井共有五道，井水为地下泉水，清澈甘洌，终年不涸。即使是今天，村民还是喜欢到水井边洗洗涮涮，这里弥漫着浓郁的烟火气息。电影《剑归》《梅姐》《邮缘》，电视剧《太白仙踪》《枣姑》等都曾在这里取景拍摄。

井旁有一石拱小桥，其右下方砌着一个20余米长的水池，通向外河。“十八踏”上建有一幢两层牌楼，古朴典雅，与老街风貌浑然一体。这里还有“皖南民俗博物馆”“皖南皮影戏博物馆”，通过它们能感知一个地方的生活习惯与文化特色。

水东镇是有名的枣乡。这里的枣儿远近闻名。春夏之际，掩映在绿色枣林中的水东美丽迷人。因为枣木质地优良，枣木梳也是当地特产。许多姑娘喜爱水东枣木梳，它一度是出嫁的必备品。其中，汪记枣木梳历史悠久，采用80年以上的枣木制成，具有各种保健功能。在街上，可见老手艺人制作枣木梳，简单的工具，虔诚的态度，一切显得那么从容。

行走在老街上，斑驳的石墙、光滑的石板，屋顶上轻轻摇摆的蓬草，仿佛在诉说着一个个岁月剥蚀后的故事，有滋有味……

俯瞰老街全景

22 殷家汇老街：秋浦河畔集商铺

殷家汇老街档案：

殷家汇老街位于池州殷汇镇，因美丽秋浦河而兴起，因徽商而繁荣。明清时期，这里商贾云集，是土特产集散中心和水陆交通枢纽。

千年古镇殷家汇，地处池州市区西南秋浦河畔。国道穿镇而过，省道源于集镇中心，铜九铁路、沪渝高速贯穿其境；同时，秋浦河绕镇直下长江。这是一个四通八达的集镇。

殷家汇得名何来？传说三国前有一姓殷的人家在这里开设饭店，来往商旅寄宿多汇聚殷家，行人挥手告别之际，常说“殷家再汇”；也有人说殷家汇起源于明朝，当时徽商开始崛起，经常聚集于此。

殷家汇的位置一度特殊，其“汇当孔道，南接徽郡，西抵东流，北达安庆，四牡凰华，连骖回轸”。明清时期，这里商贾云集，是土特产集散中心和水陆交通枢纽。“商船泊岸如鳞次，昼夜人流似海喧”，描绘了当时的繁盛。可以想象，不同口音的人在这里汇集，说着不同的故事，那是一种别样情致。

殷家汇老街有1千米长，130多家店铺，都是七进式，房子一直延伸到秋浦河各家的河阜。为防水灾，家家都有楼。这里建筑没有精雕细刻的奢华，没有雄伟壮丽的气势，都是为生活、为商业而建，很质朴，很自然，很生活。墙上斑驳的色调，屋顶飘荡的草儿，都是一种岁月的诉说。

街的南北两端各有一“鸿门”。南鸿门对玉屏山，外刻有“浦水朝宗”，对内刻有“光天化日”。北鸿门对海螺山，外刻有“螺水回溯”，内刻有“裕后光前”。这是古人的风水意识体现。街道中置九弄十三弯，取峰回路转引人入胜之意。

殷家汇老街有一种淳朴的老，没有人为的做作。老街房子有的都有几百年了，看起来破旧，但见证了沧桑。这些纯粹的老房子，记录了一代代人的生活和他们对幸福的追求。

从旁边巷口的小楼梯上河堤，眼前那条河就是李白笔下的秋浦河。秋浦河缓缓流淌，河边依旧可见妇女们捣衣洗涤。农耕时代的气息依旧在这里留存，让人留恋。

这里人淳朴、热情，他们的笑容，会让你感觉像阳光一般温暖。重寻这种感觉，是很美的。

殷家汇古巷

23 孔城老街：一街十甲书声朗

孔城老街档案：

孔城老街位于桐城市，已有1800多年的历史。它独特的“保甲文化”，成为研究古代户籍连坐管理的“活化石”。老街上的桐乡书院旧址，是“桐城派”办学、教化桑梓的重要历史见证。

孔城老街分为十个甲，南北走向，整条街呈“S”形，地势南低北高，一条主街，一条横街，另有七巷十三弄。街、巷、弄都是由长条麻石铺成的。

孔城之名因何而来？相传，三国时吴国大将吕蒙在此屯兵布防，筑土为墙，虚设“空”城，因谐音而得名“孔”城。“人烟开小聚，传说吕蒙城。”吕蒙城指的就是孔城。当然，也有另外的说法。《桐城县志》记载：桐乡北部多孔道……是孔字之源，城之因，依水之孔道名城，故曰孔城。

作为连接巢湖和长江一带重要的水陆商埠，和直通长江的水运要冲及军事重地，孔城历经了无数次战乱的洗礼，其中以太平天国战事毁坏为最。现在孔城老街的房屋大多是太平天国以后重建的，整体格局是前店后居或前店后坊，临街商铺和民宅青砖灰瓦，飞檐翘角，木楼花窗，错落有致，具有明显的江南水乡特色。

孔城老街共分十甲，甲与甲之间有一道两层牌坊式的石穿门栅栏。这里的“甲”第一是区域概念，每甲相对独立，具备防御功能，夜晚栅门紧闭，互不通行，是一个独立的城堡；第二是功能概念，每甲有每甲的独特功能和主营方向，这在全国老街中比较少见。

当地流传的《十甲歌》是这样唱的：“一甲咚咚呛，高跷带五猖。”不用说，一甲主营的是传统手工艺。“二甲真有钱，出个彩轮船”，二甲以做布匹和药材生意为主，其中二甲21号“李鸿章钱庄”更是名闻天下。清末，作为水陆商埠的孔城老街，商贸繁荣，货币流通量极大，但当时市面流通的货币种类繁多，

孔城老街，依旧商铺林立。

兑换繁琐。清同治年间，时任直隶总督的李鸿章派人在孔城老街开设钱庄，实行官督商办，主要从事存放款项和汇兑业务。

孔城老街“三甲8号”是一座晚清书院，名叫桐乡书院，正对院门的是朝阳楼。清道光二十年（1840），列强用武力打开国门，桐城派鼻祖戴名世后裔——桐城派中期代表作家戴均衡与文聚奎、程恩绶三个孔城人筹办书院，期望用知识开化国民。他们建房舍五座，设朝阳楼、讲堂、内堂等。桐乡书院开课后，群贤聚首，学子咸集，场面蔚为壮观。

一幢朝阳楼，朝气蓬勃，积极向上，培养了无数国之栋梁，仅近现代就有革命家尹宽、哲学家方东美、美学家朱光潜、“中国计算机之父”慈云桂等。

㉔ 袁家湾老街：半边河畔慢生活

袁家湾老街档案：

袁家湾老街，也叫仙鹤街，位于全椒县城，全长1500米，自积玉桥起经仙鹤楼至红栏桥止。其中积玉桥至仙鹤楼一段，又称“半边河街”。临河之上砌以玉石兰杆，街呈半边，既是一趣，亦是一景。

因为一部《儒林外史》，人们认识了吴敬梓。因为吴敬梓，人们向往他的故土——全椒县。

全椒有着与一般县城不同的气息，古老的襄河穿城而过，一座座古桥横跨在襄河上，积玉桥、涌金桥、拖板桥、宝林桥、红栏桥、太平桥……桥影婆娑，参差人家。河畔的长廊、护栏、亭台、楼阁，衬托出了这座城市的别样情韵。站在河畔远眺，现代与古典辉映，应该说儒林风韵还蔓延在这座小县城，并且成了一种独特的文化资源，在钢筋水泥建筑林高速崛起的今天，弥足珍贵。

积玉桥给人印象最深，相传建于初汉，后历经几次修缮。它横跨在襄河上，桥面上的青石板格外光滑，见证了岁月的流转。桥下曾发现了近千块石刻，六朝人手笔，可惜重修时被填入了大桥石基中。

积玉桥凝聚的儒学精神是厚重的，在古代它是全椒学宫的金水桥，凡考中秀才的，要戴花从积玉桥上，到涌金桥下，然后去学宫拜老师、拜孔子牌位。当初，吴敬梓的几位高中进士的先祖就从这座桥上走过。

过积玉桥，北行至红栏桥，有一条街称为仙鹤街，全椒人称“玉石栏杆半边街”就是这个地方。当初，这个叫袁家湾的一带生活着包括吴敬梓先祖在内的几大儒林家族，今天称为儒林文化街区。

仙鹤街是一条老街，一排明清风格的老房子依旧存在，精细程度与徽州古民居相比显然有差距，但这里最大特色是保持了明清的生活形态：糖坊、布店、篾器行、铁匠铺、豆腐坊等传统手艺店铺，还在演绎着农耕时代的“慢节奏”。其中不乏百年店铺，像“万记”铁匠铺，传承了好几代。漫步老街，吆喝声、打铁声……不绝于耳，恍如时光倒流，走进了明清时代的江南小镇。

这些专卖传统手工艺品的临街商铺，曾经有过辉煌的邁园、东园、襟襄楼等古建筑，仍然宠辱不惊地生存着，不紧不慢地与世俗生活牵手着……

全椒县袁家湾老街

积玉桥的另一边，是繁华闹市，立在桥头，听着“哐哐”的打铁声和“咚咚”的弹棉花声；看另一侧车水马龙，时尚的商业广告高挂楼宇，自然地感叹“一桥两世界”。

古老的街道、地道的乡音……每一个到过袁家湾老街的人，都会有这样的感受：原汁原味。这或许就是袁家湾老街越来越吸引游客的魅力所在。

管仲老街

管仲老街：皖北梦里水乡

管仲老街档案：

管仲老街位于颍上县慎城镇，是以水街环境和丰富的建筑资源为依托，以明清时期皖北合院民居和商业街建筑为隐形骨架，以管仲为文化主题的街巷。

徜徉管仲老街，仿佛行走在水乡江南。

这里的建筑风格为明清时期古商业街及古合院群落。它以水街环境和丰富的建筑资源为依托，成为人们的生活乐园。

管仲老街注重文化建设。这里以非遗民俗为文化主题，以文化、民俗、商贸、小吃为主要支撑。看民俗、买好礼、吃古味、赏夜景成了老街的特色。每年春节期间，大红灯笼高高挂，到处流光溢彩，游人如织。门前广场上，居民载歌载舞，怡然自乐。

老街有个许愿塔，每天前来许愿的人不少。河的对面有戏台，经常上演各种

管仲老街夜色

曲目。听戏的老人很多，听着、聊着，露出愉快的笑容；听戏看花鼓成了他们一大生活乐趣。

老街有许多百年柿树，点缀在特色民宿之间，营造了一种舒适、宁静的环境。柿树上挂着红灯笼，这情调很受年轻人喜爱。

夜晚的管仲老街值得去游赏一番。它处在一片璀璨之中。带有民族风格的城楼渲染着气派，古街木楼，散发着古老而现代的气息。道沿外城河顺水而建，小桥流水，梦里水乡。街灯下，民国时期装扮的街头艺人手持二胡，唱着大鼓书；河上戏台，余音绕耳……漫步管仲老街仿佛穿越时空，令人如梦如幻，流连忘返。

“管子启新知，九合诸侯丝路远；老街留故事，一匡天下德风长。”这是解放北路东门回廊上的楹联，描绘了地方文化特色。是的，老街故事多。

管仲老街，正在谱写一首最华丽的凝固乐章，成为皖北地区新的旅游目的地、夜归地。

26 时村老街：300年建筑说沧桑

时村老街档案：

时村老街位于宿州市东北的时村镇，该镇曾与濉溪、临涣并称为皖北三大商贸古镇。如今的时村镇已发展成一座美丽集镇，依旧是皖北重要的商品集散地。时村老街现有店面120间，房屋为清代建筑风格，黛瓦墨砖构造。

在时村镇，有一条鲜为人知的历史悠久的老街。老街兴于清初，至今已有300年历史，是皖北少有的古代建筑群落，被誉为“清代内地商业集镇的活标本”。

据记载，清顺治年间，官府从宿州府修一条官道至时村，并向东海延伸，时村镇因而成为运盐的驿站。同时，兴建了濉河、奎河码头，开设了多个渡口，方圆百里的农副产品在此集散，时村镇因此成为皖北三大商贸名镇之一。

清朝，时村镇出了一位举人马家芳。同治皇帝御笔赐予“桂林一枝”匾额以示旌表。马家芳动员时村喻协森、鼎亨号等商铺，统一集资、统一规划、统一建设，历时3年，耗银数万两，修建了一条远近闻名的街道，也就是今天的时村老街。

老街原来有两条东西街、两条南北街，呈“井”字状，因此人称“井字街”，也叫“棋盘街”。四条街各有各的功用，设计精巧，布局合理，街道有四门，门前有吊桥，街内有四个牌坊、三根旗杆，长留在老一代人记忆里。

时村老街房屋多为黛瓦墨砖构造，厚砖砌墙，小瓦缮顶，翘檐雕窗，朝街门面一律为木栅门，红漆抱柱，走廊出厦，整齐划一。

300多年前，这里河流交汇，船桅林立，多是船家休憩之地。《宿州志》载：明朝天启年间，山西来了一位姓时的移民，见这里水质清澈，芦苇荡漾，鱼虾颇丰，富有小岛渔家情趣，便在高滩上居住下来，终日以捕鱼为生，过着怡然自得的生活。久而久之，这里变成了村庄，起名“时村”。现在的时村，多为丁姓马姓，并称“南丁北马”。

明末清初，时村已初具规模。时村得以繁荣百年的老字牌商号有鼎亨、源发、隆源、永昌、恒昌、源茂、大盛、双盛、三盛等。各地商人往来或定居于此。晋商在这里建有山西会馆。

在时村镇，两位马姓同胞兄弟的传奇故事流传很广。清朝初年，东海有8个盐商，趁社会动荡，私自占领了盐的供应部门“滩司”，严重影响了百姓的正常生活及朝廷的经济收入，为此朝廷贴下皇榜：谁能收复八滩，封谁为总兵。时村两位胞兄弟揭了皇榜，老大使一根虎威钢鞭，老二使一对黑虎铜锤，收复了盐滩。朝廷封他们为总兵，并拨银两到时村盖总兵府第。府第非常恢宏，分有四门，每门都有吊桥。

历经岁月的沉淀，今天的时村老街依旧是皖北重要的商品集散地，繁盛依旧。

时村明清老街

27 北关老街：八步六条街

北关老街档案：

亳州北关历史街区，又称北关老街。春秋时即为邻邦物产重要交流之地，唐宋时为贸易据点，明清已达鼎盛，成为区域经济中心。现在的亳州老街主要指北门口以北，涡河以南的老街区。保存古街近20条，街貌依旧，建筑典雅。

亳州北关老街巷

亳州物华天宝，春秋时就是邻邦物产重要交流地。三国时期，涌现许多英雄和豪门，在历史时空中可是自豪了一把。唐宋时，亳州作为贸易据点，开始兴盛，明清时达到鼎盛。

经济与文化兴盛，往往会造就一个著名街巷。亳州北关老街，学名是亳州北关历史街区，在光绪年间，拥有街道57条，大多以行业命名，一街一市，如花子街、白布大街、牛市、驴市等，汇聚了来自全国的会馆及各类商店、栈、号、行、庄近千家。

今天的亳州老街主要指北门口以北，涡河以南的老街区。街貌依旧，建筑典雅，是研究明清中原商贸文化不可多得的实物资料。

希夷大道名字好听。它与宋汤河平行，穿过新建的市行政中心，直通市郊。宋代亳州名士陈抟名号“希夷先生”，街道以他命名。“希夷”一词出自《老子》：“视之不见名曰夷，听之不闻名曰希。”“希夷”作“空虚寂静，不能感知”解，也就是韬光养晦、深不可测。

过城北楼，有一尊华佗像。亳州是有名的药都，要感谢华佗。看吧，他穿一件大红的披风，昂着头，颌下胡须根根竖立，一副救世济人的菩萨相。

靠涡河航运发展起来的北关街道，多是深檐板门的明清式建筑，并以石条铺地。在这些大街小巷中，名气最大的是八步六条街。八步是夸张说法，形容短。短短十多米的距离，附近有好几条街巷，条条街风格迥异。东北方向叫帽铺街；南面是白布大街；西边是卖竹爬子的，叫爬子巷；正东方向是卖煤的炭场街，还有卖鲜鱼的德振街，至今依然保留了古风旧韵。

在亳州北关商业区中，白布大街无疑是最有名的。它南与城里相通，北可直达涡河，西与打铜巷、爬子巷等重要街巷相连，东与小牛市、碎花巷、新街、炭场街相通，处在城市中轴线上，四通八达，借涡河便利，云集了八方来客。各色店铺林立，京广百货，一应俱全。和泰公、和盛庆、同盛昌、恒丰益是经营白布、绸缎等规模较大的老字号。此外，同仁堂药店、老金记鞋店、南北义兴铁货店、乾开元徽墨庄等分列其间，增添了大街繁荣的商业气氛。这里的建筑具有晚清至民国初年的风格，砖木结构，前店后场，古朴典雅。鼎盛时期，山西、陕西、湖南、湖北等地的商贩从西河滩码头踏上亳州，云集在此。

唐宋时期，亳州与宋州、定州、益州为当时四大丝织中心。这是有证据的，陆游在《老学庵笔记》中赞曰：“亳州出轻纱，举之若无，裁以为衣，真若烟雾。”

打铜巷很有意思。这里聚集数十家铜手工作坊，产品有铜锅、铜盆、铜烟袋、香炉、蜡台、秤盘等生活生产用具。这些手艺人越来越少了，他们是老街的“活化石”。

北关老街有名建筑不少。比如花戏楼，是全国重点文物保护单位。江宁会馆位于亳州市古泉路中北侧，青砖灰瓦，典雅多姿。南京巷钱庄则是山西“平遥帮”票号在安徽设立的较早分号之一。钱庄的整体建筑是一座三进四合院，典型的徽派商铺式风格，共有三道院子九道门，寓意长长久久。

28 濉溪老街：时光倒流光石板

濉溪老街档案：

濉溪老街古建筑群位于濉溪县淮海路西段北侧，始建于清雍正时期，总长 650 米，全青石板平铺错缝，东端接老濉河西堤。

随着经济社会的发展，越来越多的老街道、老建筑在灰尘纷飞中倒下。原汁原味的老街少之又少了。濉溪老街是濉溪历史的缩影，见证了口子酒香溢古今。

老街古建筑位于濉溪县淮海路西段北侧，始建于清雍正八年（1730），全青石板平铺错缝。青砖灰瓦，重梁起架，除少数房屋用现代材料修葺外，大部分仍保持原貌。

老街东端接老濉河西堤。可以想象昔日水运的情形。当地人称老街为石板

濉溪老街夜景

街。踏上光溜溜的石板，时光仿佛倒流了几十年，心中涌起古朴、亲切的感受。老街不宽，诊所、食品厂点缀其间，显得很有生活气息。偶尔传来“吱呀”的木门声，像从岁月深处传来。老年人坐在街边，安详地打量着过往的人们，有什么询问，他们会非常热情地告诉你。

古色古香的店铺、佛堂、银铺、作坊等错落有致地分布在街的两侧。没有徽州老街那样厚重、精致的布设，老柜台、老工具、老家什，很普通，但都透着淳朴安详的生活气息。

加工银器的作坊不少，陈益兴银楼是比较有名的。清脆的敲打声、格外认真的银匠，一切都显得漫不经心，让人错以为时光倒流了。

老街有几条逼仄小巷，显得很幽深。偶尔一两位年轻女子走过，让人想起戴望舒的《雨巷》，想起打着油伞的丁香姑娘。

这里的人生活很悠闲。他们似乎不在乎外面多么尘嚣与繁华，而是沉浸在自己的时光里，不紧不慢地跟随时间的脚步。与街上人们闲聊，舒缓一下疲惫的心灵，你会感叹平生半日值千金。

灿烂遗存

厚重江淮大地，华夏先人最早开发耕作，是中华文明初照的沃壤。

双墩堆、“和县猿人”、薛家岗等遗存，记载祖先劳作生活轨迹，也传递灿烂文明的薪火；而渔梁坝、安丰塘更是古代安徽人智慧结晶，书写人们对美好生活的无限向往……

比起青史卷册，灿烂文明中的遗存，是最好的旁征博引，透着历史气息，我们可以触摸民族文脉！

㉙ 人字洞遗址：叩问远古人类信息的门

人字洞遗址档案：

人字洞遗址位于繁昌县孙村镇，是一处发育在三叠纪岩层中经水溶蚀形成的洞穴，是早期人类较为理想的生息场所。旧石器时代遗址，其中的石骨器距今200万—240万年。

长江流域什么时候开始有人类活动？亚洲人类的历史最早可考在什么时候？人字洞的发现，震撼了科考界，它将亚洲人类的历史提前30万至70万年，为研究人类起源多地区说，为亚洲可能是人类起源的重要地区之一提供了新线索和依据。

人字洞洞穴堆积厚度约30米，宽8至12米。由于洞穴自然剖面呈人字形，所以称人字洞。它在一座海拔100多米的小山丘上。山上光秃秃的，当地人戏称它

人字洞遗址——国家级文物保护单位

为癞痢山。多少年来，这山静静地在那，不惹人注意。

20世纪80年代，一群农民在癞痢山炸山采石。一阵爆炸声后，埋藏在地下数百万年的灵长类化石和哺乳动物化石显露出来，大家并不在意。物质相对贫乏的年代，大家关心的是开采出更多的山石。

有一位叫盛宏江的青年意识到那些很像化石，便给中科院的专家写信。随后他去了北京，带去了灵长类化石。他的名字随同化石一起进入了中科院的档案室，被记载在文献资料内。

1998年，考古专家金昌柱和郑龙亭来到这里。那天，夕阳柔和，他们用铁铲挖掘，令他们眼睛一亮的灵长类牙齿化石出现了。就这样，名不见经传的癞痢山人字洞在世人的心目中成为叩问祖先的一道门。

科考队在这里挖出原黄狒下颌骨后，格外兴奋。他们的目标是挖出古人类使用的旧石器和古人类化石。几个月后的一个傍晚，依旧是夕阳无限好的日子，暮霭弥漫中喜讯传来，他们发现了燧石，是一种世界各地都普遍使用的石器原料。

考古学家在人字洞发现了7000多件更新世早期的哺乳动物化石标本，十分珍贵；另有加工、打击痕迹的石骨器10多件。专家推断，这些石骨器应是古人类制作的工具，距今约200万至240万年。

人字洞遗址作为旧石器时代古遗址，被列为全国重点文物保护单位。近几年来，繁昌县孙村镇对人字洞陈列馆进行大规模改建，打造人字洞文化公园，让前来观光旅游的人了解中国史前文化和文明起源。

30 和县猿人遗址：揭开30万年前古人类面纱

和县猿人遗址档案：

和县猿人遗址位于和县西北约45千米的汪家山北坡，洞穴古老，泉溪清澈，大旱不干涸，被称为“龙潭洞”。在遗址中发现猿人头盖骨，其生活的时代与北京猿人相当。

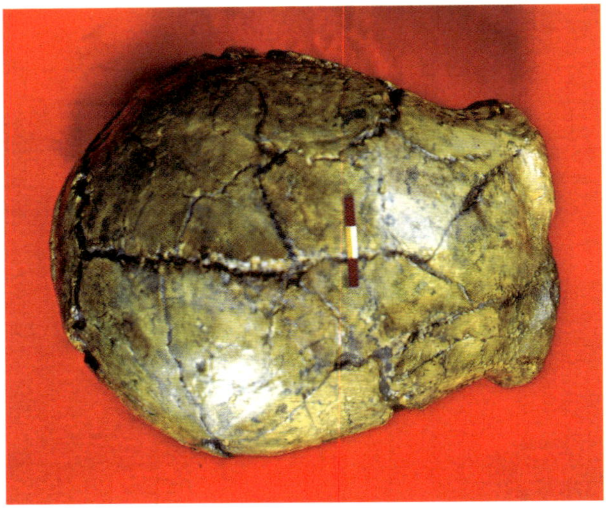
和县猿人头盖骨

1980年，距今约30万年的“和县猿人”石破天惊，横空出世，被誉为“科学上的珍贵”。

事情要追溯到1973年。那时农村冬天大搞农田水利建设。当时的和县陶店公社大陈村在汪家山北坡打眼放炮，炸开了一个洞穴。

好奇的村民们爬进洞穴，发现洞中布满了奇形怪状的骨头。有一位中医说这个骨头是中药，叫龙骨，能止血。听说有药用价值，大家都来挖。后来洞顶坍塌了，人们不敢再挖。

1980年，中科院古脊椎动物与古人类研究所研究员黄万波来到这里，组织挖掘。一天午后，雾气渐渐消失，太阳偏西了，黄万波拿着一段像人的桡骨的骨头到龙潭边洗刷，突然传来消息：挖出个怪物。

他赶紧赶过去，一个非常完整而又十分醒目的眉脊与部分额骨顿时呈现在眼前。这正是他要寻找的猿人头盖骨。

“和县猿人”就这样被发现了。科学家推断，其生活的时代不会比北京猿人的时代晚，至少是同时，甚至有可能和蓝田人相当。除头盖骨化石外，还在此处掘出一块左下侧下颌骨碎片和三个零星的牙齿化石，并发现有粗陋的石器、骨器和火烧的骨片、灰烬等遗迹。在同一洞穴堆积层中，还发现哺乳类动物鸟类、爬行动物化石共50多种。

和县猿人遗址，全国重点文物保护单位

“和县猿人”及其动物群的重大发现，对于研究人类起源和发展，南北方猿人的特性与差异，以及古地理、古气候等方面，提供了极其珍贵和重要的依据。即将建设的和县猿人遗址博物馆位于龙潭洞附近，将展示少量动物化石，以及和县猿人头盖骨等文物仿制品。

㉛ 薛家岗遗址：新石器时代的精美记录

薛家岗出土陶器

薛家岗遗址档案：

薛家岗遗址位于潜山市王河镇潜河之畔，总面积约 10 万平方米。这里出土文物 3000 多件，以石铲和奇数多孔石刀等石器最具特色，从新石器文化层到商周文化层出土文物丰富。

20世纪70年代，薛家岗的农民在种地时，经常发现一些陶器和石器的碎片。这引起了文化部门的注意，他们派人去查看，竟然采集到了一件三孔石刀。随后，在安徽省考古研究所、广州中山大学古人类学系先后六次发掘下，一个遗迹遗物丰富、文化内涵深邃的古文化遗址呈现在世人面前。

发掘的石刀孔眼周围绘有花果形图案，极为罕见；其中一把十三孔石刀，不仅在国内首次发现，在世界考古史上也绝无仅有。

遗址高出附近农田数米，为一椭圆形台地。已经开挖的1000多平方米被划分为五层：第一层为耕土层，第二层为唐、宋文化层，第三层为商周文化层，第四、五层为新石器文化层。从四、五层叠压关系和随葬品的组合变化来看，新石器时代的潜山先民，不仅已经由原始人群的流浪生活逐渐走向定居，并且创造了相当进步的生活、生产用具。这为我国研究新石器时代人类在长江中下游地区生活和生产活动情况提供了珍贵的资料。

这里还发现古墓葬、残房基灰坑100多处。根据测算，薛家岗文化遗址第三期遗存距今约5170年。除了石刀、石铲、石锛、石镞、石凿等外，他们生活用品多为陶器，以夹砂黑陶、泥质红陶为主，有鼎、壶、盆、碗、杯、盂、钵、罐、釜等。让人赞叹的是，这里出土空心镂孔陶球近百只，内藏陶丸，摇之有声；还有玉器装饰品环、璜、管、玦、扣、琮等，大多精美绝伦，反映了当时人们对美好生活的追求。

薛家岗遗址公园建设和天柱山天然景观开发旅游项目相结合，模拟原始社会人类生存、生活实景等，其博物馆展示厅里展示出土的陶、石、玉器等文物复制品，供游客研究学习。

薛家岗遗址博物馆

㉜ 双墩遗址：七千年前陶器刻画符号

双墩遗址档案：

双墩遗址位于蚌埠市淮上区小蚌埠镇双墩村北。它是目前淮河中游地区已发现的年代较早的新石器时代文化遗存之一，是研究淮河流域文明进程有力的实物资料。

双墩遗址陶器刻画符号

走进双墩遗址，能感受到远古的苍茫意味，一些以农耕、渔猎为主题的雕塑更是将人带到史前时代。遗址展现了淮河流域最初的生活场景。

20世纪80年代，蚌埠市博物馆普查组在一片“瓦碴地”的土坡和台地上，首先发现了很多陶片和夹沙陶片，随后又发现了陶塑纹面人头像和数量巨大、种类繁多的陶器、石器、蚌器、骨器等，大部分为生活器皿和手工渔猎工具。经测定，双墩遗址证明了距今约7300年的新石器时代淮河流域一个新的文化类型的存在。

大量出土的文物被陈列在蚌埠博物馆。透过它们，人们思绪很容易穿越到七千年前，那时的淮河不宽，但很清澈，河面上，鸟儿飞翔；河内，鱼蚌穿行。淮河两岸，遍布茂密丛林和湿地沼泽。这里的先民们在湿地上用竖立的柱子埋在地下作根基，搭成干栏式建筑，过着巢居式的生活。他们养蚕缫丝，种植水稻，打鱼狩猎，安居乐业的同时，也开始向文明时代迈进。

双墩遗址的价值，不仅仅是出土了大量陶器，不仅仅是填补了淮河安徽段过去没有远古遗址发现的空白，还在于600多件陶器底部有刻画图案和刻画符号。时任中国先秦史学会会长李学勤等相关专家称这些符号为中国文字的起源。可以说，简洁、生动、形象的符号表明，文明的因子曾如闪烁的星辰，照耀在古皖的淮河之畔。

双墩文化遗址

离双墩遗址200多米有两座高约9米的土堆，后来对其进行考古挖掘，出土了大量文物，被评为2008年“中国十大考古新发现”之一。一件青铜戟铭文，表明墓主是春秋中晚期一位名叫柏的钟离国国君。

33 凌家滩遗址：五千年前的文明曙光

凌家滩遗址档案：

凌家滩遗址位于含山县，遗址总面积约160万平方米，经测定距今约5800年至5300年，是长江下游巢湖流域发现面积最大、保存最完整的新石器时代聚落遗址。

地球的北纬30°附近被称为“神秘地带”，世界上许多文明古迹都位于这一纬度附近。

凌家滩遗址也位于这一神秘纬度附近。它在海拔四百多米的太湖山南坡脚下，沿一条南北走向的土岗向南一直延伸到几千米外的裕溪河北岸，其中遗址区域东西长约两千米，南北宽约一千米。遗址四周，一条大型围壕成了将聚落与外界相隔离的“护城河”，用来防御外界的侵袭。

凌家滩遗址发现于1985年。两年后，由安徽省文物考古所进行考古发掘，出土了大批精美玉礼器、石器、陶器等。透过这些文物和祭坛、房基、红陶块

凌家滩遗址

凌家滩 07M23 号墓全景俯视

砌的水井、加工作坊，我们可以穿越岁月去感受一座繁华、热闹的人类中心聚落，这里养殖业、畜牧业、手工业初步形成规模。

凌家滩遗址可能已经达到了初级的“城市”规划水平。第一区域是普通部落成员的居住区、庭院区；第二区域是三千平方米的红陶土块广场，这里是部落首领的居住区和部落会盟、祭祀、操演的场所，是这座古城的中心；第三区域是大型墓葬区，中央有一处约一米高的祭坛，陪葬品有玉器、石器和陶器等。

凌家滩遗址发现的一千多件玉器，种类之多、造型之美、制作之精，令人赞叹，其选料、设计、磨制、钻孔、雕刻、抛光等工艺技术都达到高度发达的水平。有对钻的小孔，孔眼直径最小处竟然只有0.15毫米，这样细微的管钻是怎么完成的？这是一个谜。

34 尉迟寺遗址："中国原始第一村"

尉迟寺遗址档案：

尉迟寺遗址位于蒙城县许疃镇，是5000年前人类文化遗址，被称为"中国原始第一村"。其红烧土排房是我国迄今为止发现的最完整、最丰富的史前建筑遗址之一。遗址所在区域曾建有一寺，相传是纪念唐代大将军尉迟敬德在此屯兵而建，故称"尉迟寺"。

5000年前，在涡河北岸，如今的蒙城县许疃镇毕集村尉迟寺附近，有一座偌大的中心聚落，被又宽又深的人工开挖的壕沟包围着。其与外部联系的唯一通道，是一座由十余根高大的栎木搭建的木桥。

这就是当时人们生活的地方，后来的考古挖掘中，在一万平方米的范围内，共清理出房迹七十多间，墓葬三百多座及大量的灰坑、祭祀坑等；出土各种石器、陶器、骨器、蚌器等珍贵文物近万件。其中出土的红烧土房让人震撼，每间房子都由墙体、房门、室内桩、房顶、居住面、灶址等部分组成，建造时均经过挖槽、立柱、抹泥、烧烤等工序。这样的房屋冬暖夏凉，坚固美观，堪称当时先民最豪华的住宅。它周边是茂密的丛林和肥沃的耕地，这里被称为“中国原始第一村”。

鸟形神器被称为“惊人的发现”，是尉迟寺遗址出土的器物中最高档、最有代表性的一件器物。这是一个标志物，也是迄今发现的最为完整的可能与图腾相关的器物，对研究早期的陶器史、宗教文化有重大意义。

时间流逝了几千年，唐朝时，大将军尉迟敬德在这里屯兵。后来人们为了纪念他，在此建有寺庙，故称尉迟寺。这里溪水潺潺，林木葱葱，自然景观优美。

尉迟寺遗址发掘出的红烧土排房房基

㉟ 金牛洞古采矿遗址：炉火千年铸青铜

金牛洞古采矿遗址档案：

金牛洞古采矿遗址，全国重点文物保护单位，位于铜陵凤凰村境内，其不仅是古铜都铜陵矿冶历史的一个有力见证，也是我国有一定代表性的古铜矿遗址。

铜陵以悠久灿烂的青铜文化而闻名于世，有着“中国古铜都”的美誉。金牛洞古采矿遗址，为凤凰山古矿冶的一个采矿场，附近的药园山、虎形山和万迎山都曾发现过不少古代采矿井巷，时代跨度从春秋至西汉。

凤凰山铜矿遗址也被称为“大工山—凤凰山铜矿遗址”，位于南陵县西部大工山和铜陵凤凰山一带，是一处西周至唐宋时期的集采矿与冶炼为一体的古代矿冶遗址。20世纪80年代，农民经常发现大工山一带的地表存有大量陶片，文管部门将这一发现逐级上报。经过考古发掘，最终确定了它就是湮没在地下、沉睡了千年的古铜冶遗址。

大工山—凤凰山铜矿遗址在中国矿业史上规模最大，也是存续时间最长的铜矿采集地，从西周到宋代，前后延续了两千多年。其发现，不仅为寻找中国历史上著名的“丹阳铜”产地提供了重要线索和物证，而且为探索中国长江中下游地区青铜文明的起源与发展，研究中国古代采矿、冶金技术的历史进步提供了实物资料。

金牛洞遗址在早先为一小山，山腰有一古洞。民间传说天上神牛私下凡间，因迷恋凤凰山风景而不思返。天帝召唤它，它钻入此山中，化为金银铜。20世纪80年代，当地群众在此露天采矿，久而久之，山被挖平了，由于人们继续挖掘，这里成了一个数十米深的露天采场。通过考证在边坡上暴露的古代采矿井巷和采掘遗物，确定金牛洞遗址的年代始于春秋。

为了向人们展示中国古代铜矿采冶技术和丰富的文化内涵，开发以铜为主的人文历史景观，20世纪90年代开始，政府对金牛洞遗址进行了修复保护，它成为我国继湖北铜绿山古铜矿遗址后第二个对外开放、供游人参观的古铜矿遗址。

修复后的金牛洞遗址气势宏伟、场面壮观。92根水泥立柱由古铜色铁链相连，一棵棵翠绿的松柏将遗址紧紧环抱，给人以古铜矿遗址特有的凝重和庄严感。入口处正中是重达两吨的铜牛雕塑，其花岗岩基座上刻有“金牛洞古采矿场”七个嵌金大字，为原文化部部长朱穆之书写。遗址北面是陈列馆，西南面沿相思河岸建有题词廊和铜陵地区矿物岩石林。遗址边坡上支撑的锥空网架，犹如一把撑开的巨伞，将裸露的古矿井遮掩得严严实实，更让人感到神秘。这里集文物保护与展示于一身，融自然景观与人文景观为一体。

金牛洞古采矿遗址

铜陵境内还有木鱼山古冶炼遗址，位于铜陵县朱村乡，主要由木鱼山、火龙岗、鬼推磨三片组成，为西周遗存。遗址表面上的炼渣堆积如山，遍地皆是，并伴有陶片、红烧土碎块和少量的残炉壁。木鱼山古冶炼遗址是我国使用硫化铜技术年代最早的古冶炼遗址，它对于探索和研究中国古代冶金史和矿冶生产反唇技术都具有重要的学术价值。

正因为铜文化底蕴深厚，“古铜都”以青铜文化为突破口，举办了中国（铜陵）青铜文化博览会，旨在大力弘扬铜文化。

36 安丰塘：天下第一塘

安丰塘档案：

安丰塘位于寿州古城南约30千米处，是我国古代著名的四大水利工程(安丰塘、漳河渠、都江堰、郑国渠)之一，素有“天下第一塘”之称，相传由春秋时孙叔敖主持修建。现为全国重点文物保护单位。

安丰塘，被誉为“天下第一塘”

大别山由湖北、河南两省的交界处伸入安徽省境内，山峦向东、西、南三面呈弧形展开。北坡的水都向寿县南部的低洼地汇集，每当夏秋雨季时，各路洪水齐下，这一区域便很容易暴发山洪，灾害频发。

春秋时期，寿州是楚国最主要的农耕区，像这样雨季涝灾，旱季干旱，怎么办呢？兴修水利，势在必行，芍陂就是在这种背景下由孙叔敖主持修建的。安丰塘（芍陂），是中国古代最早的灌溉蓄水工程，它比都江堰、郑国渠还早三百多年，《水经注》曰“淝水流经白芍亭，积水成湖”，隋朝在此设置安丰县。

起初芍陂的水源仅来自丘陵地区，水量并不是很充足；而在它的西面有一条大河，水资源十分丰富。于是人们又挖掘一条子午渠（淠源渠），引淠河水入陂，这不仅使水源得到保证，还起到调节淠河水位的作用。现在安丰塘面积四十多平方千米，是几万亩良田的丰收之源，成为淠史杭灌区的一个重要调节水库。

安丰塘除了水利价值，还有很高的观赏价值，附近的景点有孙公祠、邓艾庙塔、古城墙遗址等。

孙公祠，即孙叔敖祠，在安丰塘北堤外侧，是古人为纪念创建芍陂的孙叔敖而建。孙叔敖，芈姓，春秋时期楚国令尹。他历时三年修成安丰塘。司马迁《史记·循吏列传》将他列为第一人。孙公祠现存殿宇三间，内藏有古碑二十多方，包括历代重修安丰塘记碑、积水界碑、安丰塘灌区图示碑、孙公叔敖像赞碑等。这些碑刻都是研究安丰塘水利史的珍贵资料，其中许多还具有很高的书法价值，《重修安丰塘碑记》等尤为书家称道。

“因川成利费经营，遥望江南尽稻粳，支渠派引千畦润，陇亩村连百宝盈。流泽二今还未艾，试听放闸鼓歌声。”这是古人赞美芍陂的诗歌，描绘了安丰塘灌区的升平景象。支渠纵横，垄亩千畦，闸开泉流有声，一望无际的粳稻，安丰塘给百姓的生活带来巨大的福利。

安丰塘塘中有岛，岛中有塘，可赏景，可垂钓，可吟诗，可放歌。早晨可以在这里观日出，看太阳从遥远的地平线冉冉升起。傍晚可以来这里看落日，观夕阳西沉，晚霞浩荡，半塘红光跃金银。夜晚可以来这里赏月，天上一个月亮，水里一个月亮，月光如水水如天。晴天观云、雾天观雾、春末初夏观荷塘，安丰塘湿地上还可以看到白鹭栖息，众鸟高飞，真是一个度假休闲的好去处。

37 垓下遗址：楚汉相争定江山

垓下遗址档案：

垓下遗址位于固镇县，其为世人熟知是因为公元前202年，汉王刘邦与西楚霸王项羽在此决战，史称“垓下之战”，此战被列为世界著名古代七大战役之一。遗址城中有汉井、汉墓、汉桥、韩信点将台等遗迹。

垓下遗址位于今固镇县韦集镇垓下村。公元前202年，项羽率十余万大军退至垓下，以河为屏障，堆土为营垒，深堑拒敌。刘邦率数十万汉军四面包围，展开决战攻势。汉军夜唱楚歌，羽闻之慷慨悲歌：“力拔山兮气盖世，时不利兮骓不逝。骓不逝兮可奈何，虞兮虞兮奈若何！”这场战争导致项羽自刎乌江的历史悲剧发生，也留下“霸王别姬”的千古绝唱。

大汉文化垓下古战场遗址霸王别姬

垓下遗址，全国重点文物保护单位

岁月流逝，英雄远去。如今，这片土地上是村落与庄稼，但留下了许多传说和纪念建筑。城中，秦砖汉瓦遍地可寻。汉井、汉墓、汉桥、古树“榆抱桑”、虞姬梳妆台、铜帮铁底河、韩信点将台等古老而又璀璨的人文景观，与“四面楚歌”“霸王别姬”的故事相融相伴，令人神伤。

遗址内有标志性的霸王塑像、广场及依托垓下遗址新开发的街道。一条小河缓缓流过。周围全部是农田及村庄，农田旁伫立一块“垓下遗址”石碑，仿佛在诉说昔日刀剑如林、旌旗蔽日的战场厮杀。

宿州留有许多与霸王、虞姬相关的历史遗存。在今天的灵璧城东虞姬乡境内有虞姬旅游小镇，建有虞姬文化园，其中有古汉墓群和虞姬墓。墓侧有石碑及颂扬虞姬的碑廊，由清代安徽巡抚冯煦撰写的墓碑文和书法家启功、舒同等书写的碑林构成。

逍遥津大门

38 逍遥津、教弩台：合肥三国遗址

逍遥津、教弩台档案：

逍遥津位于合肥市旧城的东北角，是一座约20万平方米的城市公园，以纪念历史上的“张辽大战逍遥津”。教弩台，亦名曹操点将台，位于合肥市内淮河路东段北侧。三国时期，曹操于此高台“教强弩五百”，以御东吴水军。梁武帝时代建有铁佛寺，明代改为明教寺。

合肥地处江淮，历史上兵家必争。三国时期，这里上演了一幕幕金戈铁马的历史传奇，留下了许多三国遗存，史书记载的有三国新城、袁术墓群、筝笛浦、藏舟浦、飞骑桥、斛兵塘，以及古逍遥津与教弩台。合肥因此也被称为“三国故里”。

一千七百多年前，张辽以区区七千士兵战败了精兵十万的孙权。史书《三国志》和小说《三国演义》都有记载。尤其是《三国演义》，更是以小说手法描绘得惊心动魄。“曹操平定汉中地，张辽威震逍遥津”是其中脍炙人口的精彩篇章。今天，策马挺枪的张辽铜像巍然屹立在逍遥津公园，似乎还在守护着合肥城。

史料表明，汉代的逍遥津位于当时合肥城东南两千米处，是津水与淝水交汇的渡口。在逍遥津西大门附近，有张辽衣冠冢。

逍遥津公园也是历经变迁。自宋代乾道年间，合肥城扩大，逍遥津被圈入城内。明代它是官僚窦子偁的私家花园，称为“窦家池”；清代，也先后成为王家、龚家私家花园，称为“斗鸭池”“豆叶池”。“古逍遥津”的匾额也是龚家请帝师陆润庠题写的。

在合肥淮河路步行街，有个明教寺，它是南朝时梁武帝萧衍所建“铁佛寺”。唐朝重建，名为“明教院”，到了明代重修时，改称明教寺，沿用至今。

明教寺故址是军事用地教弩台，顾名思义，是曹操所建的一个军事堡垒，传教弓弩技艺的地方。曹操曾四次到达合肥，亲临指挥，并传令造台，训练弓弩手。操练时，五百名弓弩手拉弓射远，箭矢像蝗虫一般嗖嗖飞舞，遮天蔽日。

如今，教弩台尚存“屋上井”“听松阁”两处古迹。屋上井，水井比民房的屋脊还高，水井一圈，石色青润，光泽如玉。这是魏军将士饮水之源。听松阁四周，松柏挺拔，浓荫蔽日，是曹操勘察敌情、运筹帷幄兼纳凉休息之所。现如今，这个雅致的院落，古柏依旧婆娑。

此外，三国新城遗址也是一处重要的三国遗存。东汉末年，沛国相县（今濉溪县西北）人刘馥被曹操任为扬州刺史，他单枪匹马奔赴合肥，因战略需要造合肥新城。这座坚固城池的遗址在庐阳区三十岗乡。土城残基周围三里多，外围有古城河遗址，城内曾出土过“铁撞车头”“铁道须顶”“铁箭头”等汉代遗物。围绕这座古城遗址而建起的三国新城遗址公园，为国家AAAA级旅游景区。

合肥市明教寺

39 和县陋室：斯是陋室 惟吾德馨

和县陋室档案：

和县陋室因唐代著名文学家刘禹锡任和州刺史时写下的千古绝唱《陋室铭》而名闻天下。它依山傍水，风光秀丽，古雅别致，内有刘禹锡塑像。

“山不在高，有仙则名。水不在深，有龙则灵。斯是陋室，惟吾德馨。”千古名篇《陋室铭》道出了一代文人刘禹锡安贫乐道的情怀。

唐长庆四年（824），著名诗人刘禹锡任和州刺史时建有陋室。当时文人喜欢给建筑写文，他为之作了《陋室铭》，影响之大估计他自己也没有想到，区区短文，流传千古。

正因为这篇文章，陋室就有了不一样的品质。历代不乏瞻仰和参与建设者。

和县陋室

陋室内景

宋王象之所撰《舆地纪胜》记载了大概："和州陋室，唐刘禹锡所辟，有《陋室铭》，柳公权书。"

明代正德十年（1515）和州知州黄公标补书《陋室铭》碑文，并建梯松楼、半月池、万花谷、舞鹤轩、瞻辰亭、虚山亭、狎欧亭、临流亭、迎熏亭、�岩亭、江山一览亭等，可惜后来在烽烟中被毁灭。

《陋室铭》所承载的高尚的情操、优雅的文辞，像山间的清泉，滋养着人们的心灵。清乾隆年间，和州知州宋思仁在旧址重建陋室九间。室前有石铺小院和台阶，苔藓斑驳，绿草如茵，林木扶疏。20世纪80年代重新修葺，并有著名书法家书写的楹联。

今天，围绕陋室，建有陋室公园，位于和城半边街，牌坊门楼，气势轩昂。以往陋室有"仙山"的"龙池"，现在仙山上建有江山一览亭、望江亭、仙人洞；池中建有临流亭、履仙桥等。这是一处凭吊古人，抒发情怀的典雅之地。

40 徽杭古道：集风景与徽商文化的走廊

徽杭古道档案：

徽杭古道，位于绩溪县，从临溪镇湖里村起，到达浙西临安市马啸乡，全长75千米，保存有众多的古村落、古关口、古石板路、古桥、古茶亭等。整条古道依龙须山，傍登源河，风景秀美，其中“江南第一关”被列为国家AAAA级旅游景区。

有人说，这是一条神奇的“丝绸之路”；有人说，这是一条风光绝美的风景画廊；有人说，这是记录徽商走出大山走出人生辉煌的历史诉说。

徽杭古道，从临溪镇湖里村起，是古老徽州人走出大山、前往浙江的一条山路。龙须山风景秀美，登源河流水潺潺，一代代人从这里翻山越岭，前往相对富裕的浙江求学、营生，沟通了大山内外世界。

这条路很美。青山绿水，云雾萦绕，自然风光绝佳。无论是春花，还是秋叶，都在鸟鸣溪语风声中尽情铺陈一种美丽、一种活力，行走其间，一路都令人赏心悦目。

这条路很险。沿途山势险峻，怪石嵯峨，溪流奔泻，飞泉瀑布。可以想象，傍晚、黄昏，独自一人行走古道，高峰巨岩，南北夹峙中或许有猿猴哀啼，或有野狼出没，或雨水浸滑，走出这莽莽大山，多么不易。一路上，山是险山，石皆乱石，翻越座座大山之后，又会发现这里是良田美景世外之地。

这条路很古。从唐朝开始，历经千年风雨。古村落、古关口、古石板路、古桥、古茶亭、古树，原始、自然的立体画卷里，多少故事渲染其间。

这条路很“文”。多少人从这里走出了灿烂人生。尤其是明清之际，由于地窄人稠的生存缺陷，勤劳向上的徽州人要向外部世界拓展生机，他们远赴异乡，奋迹商场，一代代的徽州人沿着这条路贩运盐、茶、山货，走出了饱含风霜的经商之路。如今，脚踏石阶，隐隐约约能感受徽商感叹……多少名人留有踪迹：兵部尚书胡宗宪在杭州为官时，从老家龙川村经徽杭古道往返多次，并出资维修了部分路段。一代红顶商人胡雪岩从徽杭古道走出，来到杭州发展而名扬天下。冠有36个博士学位的著名学者胡适也曾多次经徽杭古道去杭州。

国家重点文物保护单位——徽杭古道

得说说“江南第一关”，它又名瑶瑶岩，在伏岭乡东部，海拔四百多米，是徽杭古道重要关隘，也是来往清凉峰的主要通道。这里山势险峻，怪石嵯峨，其中以磨盘石、天冠石、将军石最奇。自岩脚至关口经一千四百多级台阶。关口刻有“径通江浙”的魏体大字。

安徽古道众多，除了徽杭古道，还有始建于隋朝的旌歙古道，由徽州府至安庆府的徽安古道，从婺源官坑到休宁皇腾村的休婺觉岭古道以及含山县境内连接古昭关和华阳洞的伍子胥古道。

此外，安徽还有一条美丽的古道通往浙江，这就是吴越古道，又名唐岭古道，建于五代十国时期，沿线有慈云寺、千顷关、五里避雨洞、石城墙、石屋、石堡垒等众多重要历史文化遗迹。这里被森林覆盖，一路有清澈小溪相伴，每一次攀登，都是一次亲近大自然的健康休闲之旅。

41 隋唐大运河（安徽段）：余波依旧笑春风

隋唐大运河（安徽段）档案：

大运河安徽段，是隋唐大运河（通济渠）的重要组成部分，在安徽省境内遗址长 180 多千米，有柳孜桥墩遗址、宋代码头遗址、埇桥遗址、静安镇遗址、花石岗遗址、张氏园亭遗址、泗县大运河故道等多处重要遗存。

大运河南起余杭（杭州），北至涿郡（北京），隋朝开凿，全长2700千米，纵贯东南沿海和华北大平原，经过浙江、江苏、安徽、河南、山东、河北、天津、北京八个省市，通达黄河、淮河、长江、钱塘江、海河五大水系，是中国古代南北水运的大动脉，是中国古代劳动人民创造的一项伟大的水利工程，也是世界上开凿最早、规模最大的运河，是珍贵的世界文化遗产。

通济渠，是隋唐大运河的一段，是隋炀帝自板渚引黄河水下达淮海的一道运河，西起荥阳西北黄河边上的板渚，东至江苏盱眙县入淮。

隋唐大运河安徽段的发现和发掘，进一步确认了隋炀帝当初开凿通济渠时的流经路线，也为研究隋唐的政治、经济、文化、商贸、瓷器出口外运等方面提供了重要的实物佐证。

1998年，在淮北市濉溪县一条“宿州—永城”的公路施工中，当公路修至柳孜集村时，人们发现拆迁的屋基下有摆放整齐的一排排条石。这些条石方正、结实，一层又一层，取之不尽。经过文物部门联合考古队进驻柳孜集，才揭开了柳孜大运河遗址的神秘面纱。经过发掘，一座东西长14.3米、南北宽9米、高5.5米的石构建筑重见天日。石构建筑的西部，还发现了两艘保存完好的木质沉船。专家认定，石构建筑是桥墩遗址。清光绪《宿州志》记载，明代之前柳孜就是一个繁华集镇，在此找到了实证。

这里，河道、桥墩的遗迹清晰可见。长虹一样的拱形桥，与《清明上河图》中的桥梁相似。在垂直的挖掘壁的夹层中，有许多散碎的瓷片。据记载，考古队共发掘出八艘唐代沉船以及大批精美的古陶瓷器，瓷器几乎涵盖了当时全国著名的寿州窑、吉州窑、景德镇窑、定窑、建窑、越窑等十几个窑口，仅釉色就有黄、青、白、黑、白底黑花、酱色等8种以上。可以想象，当年这里的码头航船集中，瓷器等大量货物在此集散。站在遗址坑的坑底，环视四周，一种巨大的时光感和沧桑感，涌上心头。繁忙的码头在岁月的变迁中，因为各种各样的原因，渐渐淤堵，水源枯竭，最终废弃。一个人在它的面前何其渺小，一个生命在岁月的面前何其短暂。

大运河在安徽全段，经过淮北市濉溪县，宿州市埇桥区、灵璧县、泗县。从2003年开始，大运河泗县段开始考古发掘，出土了大量瓷器残片和唐宋古钱等珍贵文物。通济渠故道自西向东经泗城横穿泗县，其中有水故道20多千米，当地称汴河、古汴河、老汴河或小汴河。出土文物资料表明，泗县运河故道曾在历史上承担着政治、经济、文化多方面职能，直到今天，运河依然在发挥着重要作用，据统计仅运河故道城东段，旱时就可灌溉良田一万多亩。隋唐大运河真的是古今中外的水利奇迹。

泗县运河故道已经被列为全国重点文物保护单位。2014年，中国大运河由18个历史名城联合申遗成功，柳孜运河遗址名列其中。

隋唐大运河博物馆

㊷ 明中都遗址：都城遗韵谱新篇

明中都遗址档案：

明中都城遗址，位于凤阳县西北部的淮河南岸，占地面积约为50平方千米。明洪武二年（1369）开始修建，历时六年。《中都志》称“规制之盛，实冠天下”，在古代都城发展史上有重要地位。

朱元璋，这个出生于凤阳、发迹于凤阳、一生勇武的农民领袖，人生辉煌而又争议颇多。打下江山之后，都城定在哪呢？他觉得老家凤阳不错，“前濠后淮，有险可依，又有漕运之便”，于是力排众议，定凤阳为中都，立即调集人力财力，开始宫殿城池的建造。

明中都城分为外、中、内三道城。外城周长30多千米，中城称禁垣，周长近8千米，内城称紫禁城，周长近4千米，近似方形，总面积比北京故宫还大。有文物专家称，它“是朱元璋集我国两千多年都城建筑之大成、悉心营建的一座豪华都城”。

明中都城遗址——午门

可是历史跟凤阳开了个玩笑，朱元璋自己也和自己开了个玩笑。中都城开建六年，宫室、殿堂、坛庙、官署、街巷、九门、十八道水关等行将完工。忽一日，朱元璋突然下诏停工，“罢中都役作”，以应天为都，改名南京。

中都城是一个符号，代表朱元璋的矛盾和沉思。先建，又罢，这期间的摇摆和斟酌，朱元璋不说，青史不记，但每一个看罢中都遗址的人又怎么能不浮想联翩？中都城花了这么大的代价，力拨众臣之谏，怎么自己忽然又改主意了呢？

民间有传说，刘伯温开始就不赞成朱元璋在凤阳建都，力谏无效后，建议朱元璋将凤阳中都城向南迁移一箭之地。朱元璋大度地说，一箭之地就一箭之地吧，又有什么关系！于是传武士一名，满弓一射。却哪知一只老鹰凌空飞来，伸爪子抓住那支箭，向南方飞去，一直飞到金陵城的上空，才把箭丢下。朱元璋心想：这是天意呀，天意不可违！于是决定在应天建都。也许，这是真正地“应了天”。

虽终未定都在凤阳城，但朱元璋却在凤阳为他的父母和兄嫂修建了一座气派的陵墓。洪武二年，荐号英陵，后改称为皇陵，史称明皇陵，位于凤阳县城南7千米处，历时13年竣工。

明皇陵的碑文是朱元璋亲自撰写的。皇陵前有长长的神道，神道两侧，有造型逼真、工艺精细的石刻群。石像生数量之多、刻工之精美为历代帝王陵之冠。几百年过去，至今其衣着扣带等纤细纹饰，依然清晰可见。

历经600多年漫漫风雨，历经数不清的战乱，明中都皇城巍峨壮丽的宫阙、殿宇、楼台、城池几乎被损毁殆尽。尚存的只有皇城西墙、西段南墙一千多米，透过它们还能感受到昔日的宏伟气势。午门和西华门也仍可见当年的恢弘气魄，被称为“中国最美丽的古城墙”。规模巨大的都城遗址内，至今尚存有白玉石街、内金水河、金水桥等基址和故道，故宫井等几口大井仍然可以使用；还有数量繁多的砖石、雕刻，精美的建筑构件等，特别是午门基部须弥座浮雕及城内石雕，更是我国都城中不可多得的石雕艺术珍品。这些遗存，向世界呈现着这座宏伟的“明朝古都”深邃的文化内涵。

43 寿县古城墙：虎踞龙盘气势雄

寿县古城墙档案：

寿县古城墙，是中国如今仍保存完好的古代城墙之一。古城墙始建于宋朝，棋盘式布局，城垣修筑十分讲究，明清以来，多次修整，迄今完好，为全国重点文物保护单位。

寿县地处安徽中部，襟江扼淮，南北要冲之地，是兵家争夺的军事要地，有“中原屏障，江南咽喉”之称。

历史上这里战争频发，有名的淝水之战，就发生在八公山山麓、寿阳城下。这场战争，是战争史上以少胜多、以弱胜强的著名战例，留下了风声鹤唳、草木皆兵等成语。

吃过“大救驾”吗？大救驾是获得过部优奖的寿县传统名细糕点，来源于“赵匡胤困南塘”的故事。那是五代十国时期，赵匡胤还仅是后周的一员大将，周世宗柴荣征淮南，命赵匡胤率兵急攻南唐，南唐就是寿县。历经九个月的围城之战，赵匡胤终于打进南唐。然而由于操劳过度，赵匡胤一连数日，水米难进。军中一位厨师，精心制作出一种外观考究、口感酥脆、营养丰富的面食点心，呈给主帅。赵匡胤一连吃了几块，顿生气力，很快恢复了健康，连续打了几个大胜仗，直到当了大宋皇帝，还念念不忘此事。

美丽的传说，总给历史带来许多意蕴。寿州古城历经沧桑，承载着无比深沉深厚的文化，与城墙密切关联的典故和传说有许多，四道城门都有，比如“舐犊情深”“刘仁赡死节守城”“当面锣对面鼓”“人心不足蛇吞象”等，伴随各城流传至今。

寿州曾十次为郡，并屡为州郡治所。古城略呈方形，城墙稳固，古朴雄伟、气势磅礴，如苍龙环绕。它周长七米多，高八米多，墙体以土夯筑，外侧贴砖，外壁下部用条石砌基，通体向内敧斜，层层收分，具有极强的军事防御功能。古城墙内侧两个月坝上镌刻着的“金汤巩固”“崇墉障流”题名，是对这坚固雄伟城墙的真实写照。

城墙不仅有利于军事防御，而且还具有重要的防水功能。1991年，安徽特大洪灾，很多地区被洪水淹没，受灾严重，而历经千年的寿州古城，巍然屹立，像牢牢稳固在汪洋中的一座岛屿，完美地抵御了百年未遇的特大洪水，保护了城内十多万人的生命财产。

行走在寿州古城墙上，登高望远，远山近水，尽收眼底，一派恢宏气象。手抚城垛，脚踩青砖，一种莽远和现实的交错感油然而生。在城墙根下环绕而行，可见古城墙的砖缝里晃动的野草、斑驳的旧痕。岁月从墙壁上走过近千年，变幻的色彩和匆匆的步履，总会留下它们的印痕。望着那高耸的城楼，绵延的城垣，你会觉得这古城仿佛就是一部沉甸甸的历史巨著，它的博大和精深，令人迷醉。

每当夕阳西下，古城墙会被镀上一层金色。古城内外，人们下棋、唱戏、散步，悠闲地生活。

“铁打的寿州城”，岂是一个“寿”字了得！

寿县古城墙

44 安庆振风塔：万里长江第一塔

安庆振风塔档案：

振风塔，又名万佛塔，坐落于安庆市迎江区的长江边，始建于宋，复建于明，为八角七层楼阁式，砖石结构，号称“万里长江第一塔”。相传塔是为了振兴文风所建，现为全国重点文物保护单位。

俗语说“救人一命，胜造七级浮屠”，“浮屠”就是指佛塔。佛教中，七层的佛塔是最高等级的佛塔，安庆振风塔就是七级，它位于江边的迎江古寺内。迎江寺古称护国永昌禅寺，宋明时代所建，殿宇华丽，气势恢宏，僧徒多时竟达千人，寺中有青铜铸“千人锅”遗存，足见其规模和气派。

振风塔约有二十层楼高。站在塔顶，放眼远望，方圆十里，尽收眼底，江水滔滔，百舸争流。

振风塔的结构和造型基本上是集历代佛塔建筑艺术之大成，融合了古代建筑的特色，并加以发展和提高。它造型别致，结构新颖，在佛塔中独树一帜。

多少历史名流，他们在迎江的阁楼里打坐，在寺内厨房里吃斋，在掩映在花木丛中的宜园、望塔亭里流连，然后长时间地望着高高的振风塔。他们目光穿越其八角形须弥座，穿越圆形覆钵，穿越球状五重相轮，穿越葫芦形宝瓶，悄焉动容，视通万里，寂然凝虑，思接千载。

据说，在明代以前，安庆文气不振，几乎没有出过状元。一些星相学家煞有其事，说安庆一带江水滔滔，难以聚气，文采扎根不下，须建塔镇之。明代隆庆四年（1570），安庆知府王宗徐便主持再建。各层塔心室均为八角形，底层建有宽大的基座，各层面阔与层高按比例自下而上逐层收分，每层皆有腰檐平座，檐下为双抄华拱，出两跳。塔内台阶穿壁绕平座盘旋而上，直达顶层。每层塔门虚实交错，平台上围以白石栏杆，可登临远眺；檐角均悬以风铎，风吹作响。

颇为有趣的是，自建成振风塔之后，安庆果然文风昌盛，才人辈出，明清两

振风塔，坐落江边，成为安庆的标志性建筑。

代，大家云集，诸如状元赵文楷，大思想家方以智，父子宰相张英、张廷玉，大书法家邓石如等，文化名人数不胜数，以“桐城派”为代表的桐城籍文人，在中国文化史上产生了巨大影响。

江中塔影更是神奇。每年中秋，明月高悬之时，长江之中倒映着振风塔高耸的塔影，而塔影之旁，会因波涛幻出无数的塔影，五彩纷呈，无比奇妙。当地的老百姓会说，这是长江两岸群塔集会安庆，向振风塔作一年一度的“朝觐”。

“长江日浩荡，塔影流不去”，朝露晨曦，日暮黄昏，振风塔以雄浑而清雅的姿势耸立，无论时光如何更迭，振风塔都还是这样矗立着，无声无响，不动不摇。

花戏楼

㊺ 亳州花戏楼：悲欢离合汇一楼

亳州花戏楼档案：

亳州花戏楼位于亳州市北关，涡水南岸。原名歌台，即一座演戏的舞台，是祭祀山西名人关羽的庙祠，所以也叫大关帝庙；又是明清时在亳州经营药材的山西、陕西药商的联络之地，故也叫山陕会馆。院中花戏楼色彩绚丽、美轮美奂。

曹操和关羽真是一对冤家。曹操收留关羽，这是知遇之恩，但关羽决意离开曹操，与其分道扬镳。一千多年的恩怨，纠缠不清。有趣的是，在曹操故里，那些敬奉曹操的人，同时也供奉着关羽。千年未解的恩怨，在一座戏台上继续。

亳州的花戏楼，其实是山西、陕西药商在亳州经商、联谊、聚会的场所。明清之际，晋商富甲天下，商业的发展不仅给人们带来了财富，而且也改变了当时人们多少年“学而优则仕”的观念。不少山西、陕西人在以药闻名的亳州经商。

最初来到亳州的山陕药商，经历了生意场上的拼搏，尝尽了人生冷暖，他们

交接官场，混迹士林，周旋于社会各界，他们想有一个自己的家园，一处可显示实力、可祭祀、可娱乐亲朋、可为那些同样背井离乡来此的同乡们提供一个安身之所的地方。大家纷纷慷慨解囊，兴建山陕会馆。据记载，清顺治十二年（1655），山西商人王璧、陕西商人朱孔领发起筹建会馆的倡议，康熙十五年（1676）建立歌台，一座大气排场的会馆，一座雕饰华美的花戏楼诞生了。

戏楼舞台呈凸字形，台正中书“演古风今”四个金字，对联为“一曲阳春唤醒今古梦，两般面貌做尽忠奸情”。戏楼系仿木结构三层牌坊式水磨砖面建筑，镶嵌有一幅幅精美砖雕，大殿前有一对铁鹤侧立。花戏楼以其表现数十出戏文、掌故的砖雕、木雕、彩绘闻名于世。

关羽故乡是河东郡解良，即今山西运城。关羽去世后，逐渐被神化，被民间尊为“关公”，清代奉为“忠义神武灵佑仁勇威显关圣大帝”，崇为“武圣”，与“文圣”孔子齐名。山西人于是在会馆建关帝庙。花戏楼的戏楼只是辅衬，它的主体建筑是关帝大殿，还有钟楼、鼓楼、座楼等几个部分，正殿供奉关羽的木雕像。关羽、曹操的故事在三国里没有写完，结果在花戏楼继续上演。

花戏楼大殿内有亳州市博物馆，它是中国地志性博物馆，为国家AAAA级旅游景区，展示了亳州博大精深的文化魅力和多姿多彩的文物形态。

46 渔梁坝：江南第一“都江堰”

渔梁坝档案：

渔梁坝位于歙县，它横截练江，可蓄上游之水，缓坝下之流，灌溉、行舟、放筏、抗洪，都可兼而利之，是徽州古代最知名的水利工程，被称为“江南第一都江堰”。据考证，早在隋朝人们就曾在此垒石为坝，现在的古坝为明代重建。

来徽州，可能会游一游黄山，看看太平湖，看西递，看宏村，看屯溪老街，看唐模，看棠樾。明砖清瓦，徽商人家，千般风情，令人目不暇接。到了徽州，也要去看一看渔梁坝。

渔梁坝南端依偎着龙井山，北端接渔梁古镇老街。老街至今保存完好，典型的徽派民居，窄窄的青石板路，充满江南风情。老街往河边有许多叉口，拾级而下，可至渔梁坝。

渔梁坝是几百年来徽商往来的一个“码头”，是明清时代徽州通往浙江、江苏一带的货物集散地。徽州地处皖南的千山万水之中，山多平地少，盛产茶叶、木材、中草药及陶瓷、墨砚、漆器等手工艺品，徽商应运而生。处在山地，车马艰难，他们走出家园，只有靠新安江水系的无数溪河。于是，渔梁坝便成为徽商告别家人、外出谋生的出发点，成为联通水陆、货运往来的一个重要码头。

渔梁坝用清一色的坚石垒砌而成，每块重约吨余。聪慧的古徽州人，垒砌坝时，一定费了很多思考。它的铺砌方法非常科学和巧妙：每垒十块青石，立一根石柱，上下层之间用坚石墩像钉子一样插入，这种石质的插钉被称为“元宝钉”，这使得上下层之间互相衔接；各条石又用石锁连锁，上下左右形成一体，筑成宽阔坚实的渔梁坝。它的设计、建设和功能，可与都江堰媲美。

石坝拦在练江上，坝上水流平缓，坝下激流奔腾。错落的石条在清澈的水下，清晰可见，像铺砖的地面。站在坝上，眺望远方，千山竞秀，白云悠悠。坝下碧波如镜，倒影清幽。远处的村庄，被山林环抱，郁郁葱葱。傍晚时分，渔舟唱晚……真是人间仙境！

碧水流过渔梁古镇

歙县民间广泛流传的故事——“三戒碑”，就发生在这个码头。“三戒碑”讲述了村妇黄秀英寻找失踪丈夫郭宏的事情。人们同情黄秀英，立了“三戒碑”。三戒，一重利忘家者戒，二寄信误人者戒，三酷刑枉杀者戒。这主题是告诫人们要以善为本，诚实守信。渔梁坝，承载着皖南人民的道德“戒碑”。

现今站在古坝上，已经看不到徽商扯帆远征的那份归期未知和前途未卜，看不到父母妻儿站在凛冽的寒风中守候亲人的那份担忧与期盼。但渔梁坝依然在，它承载着无数的记忆，静卧在皖南山水间，像守候一份遥远的记忆，守候一份山与水的眷念。

韵味徽州

粉墙黛瓦，小桥流水，不一样的徽州，总是牵系着万千人同样的向往。

底蕴厚重的徽州文化，是徽州人在历史进程中创造的财富，更是一个古老民族捧出的审美与哲学答卷。徽州三雕、徽州漆器、新安画派、徽派盆景、万安罗盘……一砖一瓦之上，一草一木之间，流淌的，是先民独具的匠心和执着的追寻！

岁月交替，文化碰撞，让徽州积淀出迷人的韵味，也让我们感受到文化的力量！

47 歙砚：金声玉德水不涸

歙砚档案：

歙砚，全称歙州砚，中国四大名砚之一。龙尾山是大部分存世歙砚珍品的石料出产地。除此之外，歙县、休宁县、祁门县亦产歙砚。

歙砚，与端砚、洮砚、澄泥砚并称中国四大名砚。歙砚驰名于唐代，至今已有一千多年历史，据宋人洪景伯《歙砚谱》记载，唐开元年间，歙州猎户叶氏逐兽至长城里（地名），见到山溪里，叠石如城，莹洁可爱，携归成砚，由此歙砚始闻天下。

歙砚的制作材料被称为歙石或歙砚石，一般需要五到十亿年的地质变化才能形成。歙砚原材料歙石的产地以婺源龙尾山（罗纹山）下溪涧为最优，所以歙砚又称龙尾砚。黄山市的歙县、休宁县、祁门县均出产歙砚。

歙砚石的花纹结构十分突出，分为鱼子纹、罗纹、金晕纹、眉纹、刷丝纹等类型。由于歙砚石矿物粒度细，微粒石英分布均匀，故用其做成的歙砚有发墨益毫、涩不留笔、滑不拒墨的效果，受到历代书法家的称赞。歙砚因唐代著名书法家柳公权《论砚》的推崇而名震天下，后来如洪景伯、苏东坡、欧阳修、米芾、黄山谷等都写有许多诗文赞誉歙砚。南唐后主李煜说“歙砚甲天下”；苏东坡评其“涩不留笔，滑不拒墨，瓜肤而縠理，金声而玉德”；米芾说“金星宋砚，其质坚丽，呵气生云，贮水不涸”。现代国画大师刘海粟在题龙尾砚的诗中曰：“鸾刀夜割黑龙尾，碾作端溪苍玉子。花雕铁面一尺方，紫霞红光墨花飞。”

歙砚制作

歙砚的制作流程主要有选料、制坯、设计、雕刻、配盒等。每一方砚台的制成都要经过十几道工序。歙砚的雕刻属于徽派雕刻，以精细见长，手法细腻，层次分明，砚池的开挖也能做到相互呼应，十分协调。立体镂空有时也在某件作品的局部得到淋漓尽致的展现，所展现的山水、殿阁、人物、瓜果、鱼龙等，形态入微。胡震龙、叶善祝等是歙砚雕刻名工。

歙县是“中国歙砚之乡”。歙砚制作技艺已被列入第一批国家级非物质文化遗产名录，曹阶铭、方见尘、郑寒、王祖伟等成为代表性传承人。

48 徽笔、徽墨：落纸如漆气韵生

徽笔、徽墨档案：

笔、墨、纸、砚组成的“文房四宝”在安徽的宣城以及黄山市的歙县等地已有千年的制作历史。其中徽笔出名于宋，以“尖、齐、圆、健”，深受人们喜爱。徽墨主要产于古徽州地区，落纸如漆，色泽黑润。

徽笔

徽笔与徽墨、歙砚、澄心堂纸并称为“徽州文房四宝”。

徽笔在宋代就深受文人墨客喜爱，以古徽州吕大渊、汪伯立与新黄山杨文等制笔大师为代表，其特点是“尖、齐、圆、健”，人们誉为“四德”。这样的特点使得徽笔书写起来含墨量多，易开合，宜书宜画。特别是作画，徽笔可以很充分地将墨色的焦、浓、重、淡、清效果完美呈现。

据记载，南宋理宗时，徽州知府谢堲将汪伯立笔、澄心堂纸、李廷珪墨、羊头岭旧坑砚，作为“新安四宝”，一并列为进献朝廷的贡品。一时间，“汪伯立笔”名扬天下。汪伯立，北宋江南东道歙州歙县人，他在歙州府治创办“四宝堂”，生产笔、墨、纸、砚，尤以笔著称于世。汪伯立笔选料精细，制作精致。徽笔制作技艺一般包括“水作工艺”和“干作工艺”两部分。水作工艺流程主要有选毛料、叠毛、去油脂、去皮脂和绒毛、齐毛锋、配毛料、梳整毛片、卷制笔柱、披笔被毛、扎笔根等，干作工艺流程主要有选笔杆、安装笔头、黏合笔头与笔杆、修笔头与定笔型、刻字等，每一个环节都要精细，才能制作出好的徽笔。

徽笔制作中，选料分毫很重要，所用材料都是用冬季的动物皮毛，因为只有冬季的动物皮毛，才能达到制笔所需毫毛的标准，挑拣起来也是“千万毛中拣一毫”。

好笔要好墨，才能产生特殊的韵味。古徽州的墨，更是饮誉四方。

徽墨，主要产于今天的黄山市屯溪、歙县和宣城市的绩溪县，现为国家地理标志产品。这三个地方都属于古徽州。

古人说："有佳墨者，犹如名将之有良马也。"据《述古书法纂》记载，人工制墨的历史起始于周宣王时的邢夷。秦汉时，出现了真正意义上的人工墨——松烟墨。

唐代末期，由于安史之乱，大量北方墨工纷纷南迁，导致制墨中心南移。易州（今河北）墨工奚超父子逃到江南歙州，见这里山清水秀，便定居下来，重操旧业。他造出的墨"丰肌腻理，光泽如漆"。南唐后主李煜得奚氏墨，视为珍宝，并赐国姓李作为奖赏，奚氏一家更姓李。从此，歙州"李墨"遂名扬天下，世间有"黄金易得，李墨难获"之誉，全国制墨中心也南移到了歙州。

胡开文徽墨

到了宋元时期，墨工又在前人的基础上，添加药物制成药墨，人们不但用墨，也开始了藏墨，墨开始向工艺品方向发展。"老松烧尽结轻花，妙法来从北李家。翠色冷光何所似，墙东鬓发堕寒鸦。"苏东坡用洗练的笔触写尽了徽墨的风华。

明清时期，出现了"徽人家传户习"的制墨景象，使得徽州成为全国制墨业的中心，徽墨制作进入鼎盛时期，制墨技艺达到了登峰造极的境界。清代，徽墨制作分为四大名家系统，即曹素功、汪节庵、汪近圣和胡开文，其中汪近圣和胡开文两位都是绩溪县人。他们制作的墨都为绝世之作，"落纸如漆，色泽黑润，经久不褪，纸笔不胶，香味浓郁，奉肌腻理"便成了徽墨的特点。胡开文墨业还走向了世界。

如今，行走在徽州人家的小巷中，穿梭在一幢幢古宅前，一家家制墨作坊里千年翰墨的幽幽清香依然扑鼻。周美洪、汪爱军、项德胜、汪培坤等都是当今的制墨名家。

49 徽州三雕：繁华与精致艺术

徽州三雕档案：

徽州三雕，即木雕、砖雕、石雕，是具有浓厚地域文化特色的传统雕刻艺术，遍及古徽州旧辖的绩溪、歙县、休宁、黟县、祁门、婺源，历史悠久，技艺精湛，有完整的工艺流程，在国内外享有很高的声誉。

范福安漆画

徽州建筑素有“无宅不雕花”的美誉，木雕、砖雕、石雕，三雕艺术在徽州随处可见，融为一体，牵系着万千人对徽州的向往。粉墙黛瓦，小桥流水，风吹过的是温婉内敛、精致秀美的徽州韵味。

在皖南古民居里，徽州木雕使用非常广泛，有圆雕、浮雕、透雕等多种表现手法。徽州的地域文化为徽州木雕营造了崇儒兴文的文化氛围，山灵水秀的自然风物给徽州木雕提供了独特的地理环境优势。

从元末明初至清末民初，徽商遵循儒家文化传统，纷纷回故乡置良田、造豪宅，并以木雕技艺雕梁画栋般进行内部装修，形成了一股徽州民居木雕艺术的装饰风尚。徽商在木雕艺术中更多地追求儒家文化的气息，并使其成为具有鲜明的儒家文化特色的木雕艺术流派。

元末明初，徽州木雕就已经初具规模，以平面浅浮雕手法为主。到明中叶以后，木雕艺术也逐渐向精雕细刻过渡，以多层透雕取代平面浅雕成为主流。清末民初，对木雕装饰美感的追求更为强烈，涂金透镂，穷极华丽。绩溪胡国宾、汪聚有，歙县李祥顺都是木雕名家。受儒家文化影响，徽州木雕多以表现情节化的人物和故事为主，也有以山水、动物、花木、图案为内容的，一般呈组合图样的形式，亦可独立成画。黟县宏村承志堂的木雕，体现了徽州木雕特点，十分精细。

徽州木雕作品绘画性很强，得益于新安画派的构图意识，风格雅致，简繁得宜。走入徽州民居，你会被雕刻艺术所包围——动物的神采、花瓣的张合、树梗的穿插、叶片的舒展，都被表现得自然生动，充分显示了工匠高超的技艺。

其宅门窗、飞檐、桌椅、床榻以传播儒家学说为特征的木雕故事图案，那种潜移默化的儒家文化熏陶，滋养了一代又一代村民，来到这里，不难感受到民风纯朴、儒家文化气息浓郁。

徽州建筑的门楼、门套、门楣、屋檐、屋顶、柱础、屋瓴等处，常常使用砖雕。徽州砖雕是在青灰砖上经过精致的雕镂而形成的建筑装饰，显得典雅、庄重。

徽州盛产质地坚硬精细的青灰砖，在青砖上雕刻出人物、山水、花卉等图案，是徽州古代民居建筑雕刻中很重要的一种艺术形式。

徽州砖雕有平雕、浮雕、立体雕刻，用料与制作极为考究。一般采用经特殊技艺烧制、掷地有声、色泽纯清的青砖为材料，先细磨成坯，在上面勾勒出画面的部位，凿出物象的深浅，确定画面的远近层次，然后再根据各个部位的轮廓进行精雕细刻，使事先设计好的图案凸现出来。徽州砖雕一般分为窑前雕和窑后雕两大类，窑前雕是刻好土坯烧成砖，而窑后雕则是在砖成品上雕刻。

徽州砖雕一般用来装饰住宅大门上的门罩、门楼、八字墙以及寺庙的神龛等，而以门罩最为常见。门罩就是在大门门框上用水磨青砖砌成的向外突出的线脚装饰，顶上覆以瓦檐。除了装饰作用外，门罩还具有引流雨水的实用功能。门罩出现年代早，装饰手法较简单。门楼则是把大门砌成牌楼

砖雕

石雕

的模样，其造型复杂，装饰刻意求工。八字墙是祠庙、寺院大门外如八字分开的砖雕装饰花墙。神龛实际上是整个庙宇的微缩版，它虽小，但外观和内部构件及装饰雕刻毫发不差，观之如身临其境。

至今徽州砖雕还保存在遍及城乡的明、清时古建筑祠堂、大厅、寺庙、书院和民居中。今天活跃的徽州砖雕传人有方新中、吴正辉、吴林水等。

徽州三雕艺术中，石雕保存时间最久，遗存至今的尚有宋代石塔、元代石刻等。它是刀与石碰撞出的艺术，已成为凝固徽州文化的唯美符号。

石雕在徽州主要用于建筑的廊柱、门墙、牌坊、墓葬等处的装饰，属浮雕与圆雕艺术，享誉甚高。代表性的徽州石雕有黟县西递村宅居和胡文光刺史牌坊、黟县许国牌坊的石雕。石雕取材来源是青黑色的黟县青石和褐色的茶园石，色泽有别，观感亦有差异。石雕精品比较常见的是宅居的门罩、院墙的漏窗和各种石牌坊。

也正是因为受雕刻材料本身限制，所以石雕主题并不及木雕与砖雕复杂，主要是动植物形象、博古纹样和书法，人物故事与山水则较为少见。在雕刻风格上，浮雕以浅层透雕为主，刀法融精致于古朴大方。

千百年来，徽州的石雕匠师们，不断通过实践与想象，用“以形写神、形神兼备”的艺术表现手法，进行题材的创作，作品具有很强的艺术感染力。历代石雕艺人佚名者很多，在历史上留下名字的仅仅只有黄鼎、朱云亮、余香等人。在璀璨绚丽的建筑艺术面前，令人不得不感慨与惊叹。

徽州三雕无论思想内容还是艺术形式，都代表着一个时代的美学倾向，它使徽州传统建筑走向了一个绚丽斑斓、华美多姿的自我表现时代，在中国工艺美术史上是不可多得的艺术瑰宝。

50 徽州漆器：流光溢彩　匠心传承

徽州漆器档案：

徽州漆器，是徽州传统工艺品之一。自宋代开始，徽州漆器髹饰技艺已经誉满全国，距今已有1000多年的历史。徽州漆器中的螺钿漆在宋时被誉为“宋嵌”，而菠萝漆在南宋曾被作为贡器。明清两代，漆器工艺发展迅速。

漆器髹饰

中国漆器历史悠久，从史料来看，人们对漆树和漆的功能的认识至少有七千年。

徽州地处亚热带，盛产漆树，有着丰富的漆资源便于漆器制作，这就为徽州漆业的发展奠定了基础。秦汉时，瓷器的大量使用使得漆器在生活中的实用性较弱，而转向华丽的装饰工艺品发展。唐代的时候，徽州就以漆器闻名，南宋时期更声名大振，素有“宋嵌徽器”之称。当时有位漆器艺人赵千里是螺钿漆器大师，其作品被列为贡品。

明代隆庆年间，徽州人黄成是漆器名匠。他还注重阐发理论，著《髹饰录》，提出“巧法造化，质则人事，文象阴阳”等美学法则，至今对漆器工艺的发展仍有参照意义。

这时期，磨漆、刻漆、描金彩绘、螺钿镶嵌、菠萝漆都得到了长足发展。徽州漆器与中国传统工艺漆器一脉相承，主要原材料有生漆、桐油、木材、麻布、贝壳、各种天然色彩的玉石、金粉、金箔、金丝以及牛骨、瓦灰、棉纸等。镶嵌漆器则是用天然彩石、贝片、珍珠等，通过锯割、雕刻、开纹而嵌在漆版上，工艺让人赞叹。

范福安漆画

彩绘漆器是纯粹在漆器底色上用彩色绘制图案。除了彩绘，还有雕、嵌、描、刻、填、堆、戗等百余种，主要名称有“脱胎漆”“螺钿漆”“彩漆雕填”等类。脱胎漆又叫“夹综脱胎”，是最早发展的漆器之一。它精致光滑，在漆器上画有花草和诗句，同时可以制作古庙中大型的脱胎佛像。螺钿漆也称“嵌螺钿”，是用螺钿嵌入漆器，有人物、山水、花木和鸟兽等图形，五光十色。彩漆雕填即刻漆，它是在制作成功的漆器上填上彩色花纹，然后再进行极细致的雕刻，代表产品有屏风，其景物雕刻细腻动人。

生于屯溪的俞金海从小学习漆艺，他通过努力，恢复了失传的菠萝漆。徽州菠萝漆以美丽的花纹和优美的造型深得世人青睐。如今，这种古老的技艺不仅得到有效的传承，而且其制作水平和艺术表现形式日臻完美，将徽州漆器髹饰技艺推向新的高度。菠萝漆的使用材料更加丰富，珊瑚颗粒、绿松石粉末、黄金粉末、矿物质和金属材料的加入，极大地丰富了漆器的艺术视觉。1959年，俞金海参与人民大会堂安徽厅内部装饰设计，制作了《迎客松》《佛子岭水库》《屏风刻漆百子图》等大型工艺品。

徐天华、甘而可、奚建辉、范福安、俞均鹏都是徽州漆器的名家。其中，范福安善于以漆器作画。徽州漆器以其本身精、雅的情韵魅力，还因其折射出的“工匠精神”，展现着岁月长河的大美年华，凝固着永不落幕的美丽。

51 万安罗盘：小工艺大乾坤

万安罗盘档案：

万安罗盘是休宁县万安镇的传统工艺品，为中国国家地理标志产品。万安罗盘在天文、地理、军事、航海等方面都有广泛的应用。今天已经是在指南针的基础上发展而来的传统实用民俗工艺品。

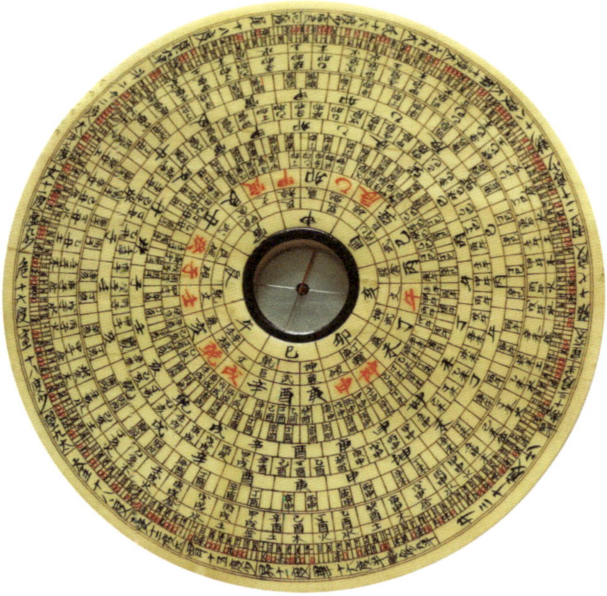

万安罗盘

万安罗盘的诞生和发展与休宁县自然、人文关系密切。过去，由于风水理念的风行，为罗盘提供了市场空间。

明清之际，徽商兴盛，贾而好儒，徽商助推了万安罗盘的发展。万安古镇坐落在横江之滨，横江经新安江、钱塘江至杭州可以直达大海，这是一条交通便利的水路。徽商通过新安江，把万安罗盘贩运到各地。

“小小一只罗经盘，其中多少苦和累。”万安罗盘所用的磁针是经过特定天然陨石磁化的指针。木料选用当地产、树龄三十年以上、阴干三年以上、无裂纹的丝棉木或银杏木。通过制坯、车盘、分格、清盘、写盘、油货、安针等工艺流程完成制作。其中，最神秘的工序，是“分格与书写盘面”，它要求罗盘制作技工依照不同型号和盘式的秘藏图谱，用平时写蝇头小楷的毛笔，依各种盘式书写分格的内容，须严谨细心，端正无误。而最关键的工序，则是“安装磁针”：要

制作万安罗盘

先将特制钢针置放在天然磁石上经半个月磁化，然后再精密地测定磁针的重心，将其牢固地安在圆孔里的支点上，保证指针实现无阻力自由转动。

万安罗盘承载着中国古代哲学、易学、天文学、地理学、环境学、建筑学等方面的文化信息，传承磁性指南技术及相关技艺。罗盘按盘式分，主要有“三合盘”“三元盘”和“综合盘”三种。其中，综合盘是综合了三合盘和三元盘的一些主要圈层组成的，层数细密，内容庞杂，具有多种功能。历史上，罗盘名店主要有方秀水、吴鲁衡、胡茹易、胡平秩等。

万安罗盘为传统地学仪器名品，既能用于航海辨别方向，又能用于建筑定位，种类包括航海罗盘、堪舆罗盘和日晷数种，尺寸不等，式样有上百种，精密度高。现在，万安所产罗盘设计独特、选材考究、制作精良、品种齐全，被奉为罗盘正宗，享有“徽罗”“徽盘”的美誉。上乘的罗盘不变形，不开裂，平整光滑，分格准确，字迹清晰；海底线与内盘的子午线、指南针成一条直线，精准无误。现在，万安罗盘已成为海内外游客喜爱的旅游纪念品。

52 徽派盆景：造型多姿意苍古

徽派盆景档案：

徽派盆景是徽州优秀的工艺美术品，以歙县的卖花渔村为代表，包括绩溪、黟县、休宁等地民间制作的盆景，以古朴、奇特、遒劲、凝重、浑厚为其特色，形成独特的传统艺术风格。

在皖南许多地方，总能见到意趣盎然的盆景。徽派盆景是以天然的山石、活的树木花草为素材，通过立意、造型、置阵布势、养护管理等科学的艺术手法，组成以树木、山体等为主体的景观。

徽派盆景始于南宋，鼎盛于明清。徽州地区山清水秀，气候温和。自南宋迁都临安（今杭州）以后，徽州的经济、文化发展迅速。一些文人墨客、富商大贾在徽州大兴土木，营造私人宅园，在庭园里培植树木花草，摆设盆景。盆景源于自然，但又高于自然，是自然景观的微缩，是自然景观典型、集中的表现，蕴含着制作者的思想感情和理想祈望。盆景是包括树木盆景、树石盆景、山水盆景、奇石清供在内的一个比较完整的艺术派别，其内容非常丰富。

徽派盆景起源于歙县卖花渔村，这里四面环山，土质疏松、肥沃，很早就有培育花木及树桩盆景的风俗。据《洪氏世谱》记载，唐朝时，村里有位洪必信，号梅窗处士，他爱读书，喜爱梅花，影响了后人。

徽派盆景以梅花、黄山松、桧柏为代表树种，其他还有翠柏、罗汉松、黄

鲍家花园，观赏徽派盆景的好去处

杨、石楠、桂花、紫薇等，其中以梅最具特色，名贵品种有绿萼、骨里红和送春等。其造型因树而异，常见的有游龙式、扭旋式、三台式、屏风式、疙瘩式，可谓多彩多姿，不拘一格，注重师法自然和表现画意。歙县郑村的西园，素以培植黄山松盆景闻名，许多“悬崖式”和“卧干式”盆景，都是百余年前的古桩。

美学上，徽派盆景追求苍古、奇特、自然、刚劲、庄重、幽雅。盆景构图师法自然，主次分明，巧拙并用，藏露得宜；主干造型突出拙朴、古态的沧桑感；枝叶剪截重在灵巧、秀气，往往以拙求巧，以巧衬拙。

徽派盆景艺人经过数百年的精心培育，选育出一大批出类拔萃的各类品种，如徽州骨里红、徽州檀香、徽州台阁玉蝶、徽州宫粉、洪岭二红等，甚至连园艺界公认已绝迹数百年的黄香梅，也奇迹般地再现于古徽梅苑。

近年来，徽派盆景不断吸收国内各地优秀盆景制作经验，艺术品位和风格特点深受人们喜爱。除了传统的歙县卖花渔村盆景基地，在徽州区岩寺有“徽州盆景园”，融展览和销售为一体。鲍家花园、休宁海宁盆景园等私家花园是观赏盆景的好去处。其中，鲍家花园坐落在棠樾牌坊群边，原为著名徽商鲍启运的私家花园，以徽派盆景为主题，同时荟萃国内外各流派盆景精华，与牌坊群景区融为一体，相得益彰。

53 新安画派：简淡高古描绘家山

新安画派档案：

明末清初之际，在徽州区域的画家群和当时寓居外地的徽州籍画家，喜用笔墨，借景抒情，表达自己内心的逸气，绘画风格趋于枯淡幽冷，具有鲜明的士人逸品格调，时人称他们为“新安画派”。

古徽州自古人文荟萃，优美婉约的自然风光也为书画艺术家提供了良好的创作环境，造就众多名家，出现了“新安画派”“天都画派”“黄山画派”。这些出生于黄山脚下的遗民画家，深怀苍凉孤傲之情，主张师法自然，寄情山水，绘画风格趋于枯淡、幽冷，体现出超尘拔俗和凛若冰霜的气质。

明代的丁瓒、程嘉燧、李永昌等新安画家，崇尚米芾、倪云林等人的画风，绘画时以枯笔皴擦、简淡深厚，当为新安画派的先驱。

新安画派的奠基者是明代休宁人丁瓒、丁云鹏父子及歙人李流芳等。真正形成新安画派并在中国画坛独放异彩，则是以明末清初海阳四家的出现为标志。海阳四家是指明末清初江韬（弘仁，渐江）、查士标、孙逸、汪之瑞四位画家。由于四人中后三人都是休宁人，江韬也与休宁关系密切，所以人们就用休宁县的别名“海阳”来统称这四位新安画派绘画大师。他们同为遗民画家，渐江风格萧疏澹逸，孤迥清寂；汪之瑞渴笔焦墨，苍郁悠远；孙逸简淡韵浓，涤尽俗尘；查士标风神懒散，气韵荒寒。

渐江是新安画派的领军人物。他从小就爱文学、绘画，既向古代人学，又向当代人学，更重要的是向大自然学。他早年游武夷山，晚年游庐山，长期住黄山、白岳，终年生活于山水之中，山光水色、缥缈烟云熟悉于胸。他的构图新奇，富有浓厚的生活气息。

新安画派在中国绘画史上占有重要的地位。画派成员大多宗法元代倪瓒、黄公望两大家，笔墨简淡清逸，线条遒劲，爱写生黄山，画云海松石之境。最早提

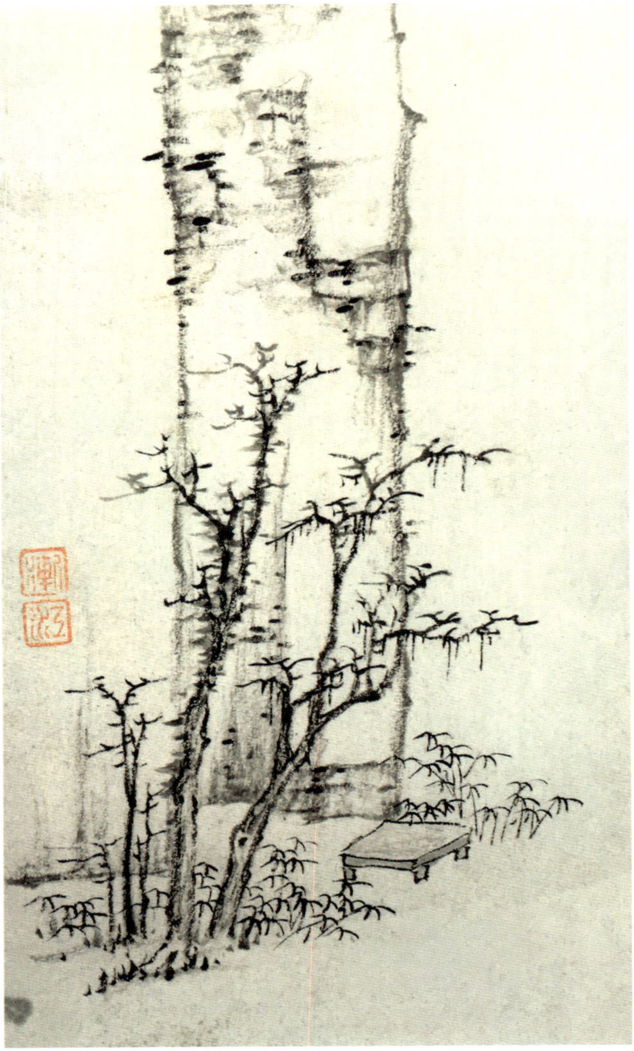

渐江《疏林空几图》

出“新安画派”名称的是清朝康熙年间的艺术理论家张庚。新安画派力量雄厚。画得优秀的有80人，其中卓然自成一家的约有20人。

天都画派指明代后期存在于黄山周围的一个画家群。这一群体成员都是黄山附近休宁和歙县两地人，并且都以黄山为主要图写对象，画风趋近元代画家倪云林。“天都画派”名称的首倡者为清初画家龚贤。

黄山画派是指清朝初年扎根黄山，潜心赏玩黄山真景，描绘黄山的山水画家群。“黄山画派”作为一个专有名称提出的年代较晚，由现代画家黄宾虹、潘天寿、贺天健等人归纳而成。公认的黄山画派的代表人物为渐江、梅清、石涛等，他们成就卓著。

54 徽派版画：线条秀劲画风雅

徽派版画档案：

徽派版画是明代中叶兴起于徽州的一个版画流派，是徽籍画家、刻工通力合作的艺术结晶。它以白描手法造型，富丽精工，典雅静穆，抒情气息浓厚。

徽派版画随着木板印刷而发展起来。明清时期，其以精湛的技艺、华美的构图饮誉全国，在中国美术史上占有一席之地。郑振铎在《中国古代木刻画史略》中评价道："徽派木刻画家们是构成万历的黄金时代的支柱，他是中国木刻画史里的天之骄子。"

追溯起来，徽派版画兴起于明代中叶，与徽商的崛起是分不开的，物质富裕了，画家才能精心于绘事。徽州版画，以白描手法造型，富丽精工。

徽派版画的产生不是孤立的，而是随着徽州文化一道发展，尤其是随着徽州雕刻一道走向成熟。徽州刻工充分运用传统的砖、木、石、竹四雕和徽墨、歙砚的雕刻技艺，精益求精地钻研刻印技术，把中国水印版画技艺推向更高层次，使书籍插图逐步发展为中国版画艺术中的主要表现形式。

徽派版画按其历史发展阶段分为萌芽期（明万历以前）、繁荣期（万历至崇祯）、继续发展期（清初至乾隆）、逐渐衰微期（嘉庆至民国）。萌芽时期的徽州木刻，构图朴拙、线条硬朗，但有天然趣味，随着同时期新安画派的兴起，徽州版画开始汲取国画因子，线条秀劲，形象逼真，画面清雅，刀法细致。

明天启七年（1627），徽派版画家胡正言创立十竹斋，与刻工、印工合作，采用饾版套色印刷了《十竹斋画谱》，把竹梅兰石等画印出了色彩和浓淡干湿的变化，这在版画史上具有重要意义。崇祯十七年（1644），采用饾版加拱花的技术，把白云、流水等画的线条凸现出来，增加了彩色画面的立体感，这让徽派版画具有了鲜明的时代特征。

徽派版画名家众多，以明代为例，著名的有丁云鹏、吴廷羽、郑重等，他们既是画家，又是刻工，深谙绘画意境的塑造，刀法技高一筹。尤其是歙县虬村黄姓，刻工人才辈出。从明正统至清道光年间，黄姓刻工刻画插图的图书有240余部。

版画家们相互传习，书籍刻印质量居全国之前列。如汪光华玩虎轩版《琵琶记》《北西厢记》插图、方于鲁美荫堂版《方氏墨谱》、程君房滋兰堂版《程氏墨苑》、潘膺祉版《李孝美墨谱》、方瑞生版《墨海》图，精工细镌，各有特色。

古代出行靠水运，徽州与杭州水路交通便利，大多数徽商和画家、刻工流寓杭州，杭州也是徽派版画的第二故乡。黄应光等刻李卓吾评百回本《忠义水浒传》和初刻《五种曲》、翻刻《元人百种曲》《校注西厢记》等书插图，是黄氏在杭州时的巨作。此外，黄一楷、黄一彬、黄一凤兄弟三人同刻起凤馆版《南琵琶记》《北西厢记》、七峰草堂版《牡丹亭还魂记》、顾曲斋版《元人杂剧选》等书插图，黄应秋、黄端甫同刻张氏版《青楼韵语》插图，将杭州版画推向了一个高度。

新徽派版画《陈毅吟诗》（由赖少其、师松龄、陶天月、林之耀合作完成）

20世纪30年代起，经鲁迅倡导，版画被应用到革命领域。许多艺术家以刻刀为枪，版画得到新的发展。在安徽，由赖少其领军，开创的“新徽派版画”，涌现了郑震、周芜、师松龄、陶天月等大家，他们大多获得过鲁迅版画奖，是全国版画领域名家。稍后，则有章飚、班苓、张国琳、范竟达、汪炳璋、应天齐、周路、童兆源、师晶等人，使得安徽版画在全国有着举足轻重的地位。

55 徽派篆刻：苍劲淳朴求古拙

徽派篆刻档案：

徽派篆刻是古徽州地区的传统手工技艺。明代嘉靖、万历年间，以何震等篆刻名家为中心形成了一个徽州印人群体，人称“徽派”，其篆刻讲究用笔运刀，刀随意动，章法整齐活泼。

明嘉靖以后，当文人篆刻艺术体系逐步确立之时，徽州涌现出一大批篆刻家。他们在超越宋元、直溯秦汉的篆刻艺术实践中，开始取代嘉靖年间以文彭为领袖、以苏州为中心的篆刻主导地位。

黄士陵篆刻《家在庐山第五峰》

中国古代印章一般由铸印或凿印的方法制作，最早为实用目的。宋、元后，由于米芾等文人的提倡，印章开始由实用向艺术过渡，他们自己篆字，请人雕刻。明初王冕等人开始用冻石刻印，也是篆字，很少自己操刀。真正开文人刻印风气、自篆自刻的是徽州人何震、苏宣、朱简、汪关，世人称之为“徽派”，这是徽派篆刻地位的确立期。到清中期，歙县程邃、巴慰祖、胡长庚、汪肇隆等人对徽派篆刻进行变革创新，专学秦汉，用力简涩，自成一体，人称“歙四子”。同时期的还有汪士慎、程瑶田等人，他们的篆刻各呈风姿，使徽派篆刻进入发展期。

清朝晚期，黄士陵以其深厚的金石学功底，摒弃几百年来印家以切刀法模仿烂铜印、追求古拙残破美的传统习惯，自立新意，自成风格，从篆刻艺术界脱颖而出，创立了“黟山派”，影响了后来的易大厂、乔大壮、王福庵、李尹桑，乃至齐白石等一大批书画印名家，使徽派篆刻走向了第三个高峰期。

徽州篆刻大家黄士陵雕塑

不但在实践中推动篆刻艺术的勃兴，徽派篆刻家还从理论上展开探索，对篆刻艺术的发展具有启迪和指南的作用。朱简历时十几年写成《印品》一书，首倡篆刻艺术批评风气，内容涉及玺印的考证、篆法、章法的研讨，辨析印作的真伪，评论印作的优劣，并提出了“神品、妙品、能品、逸品、外道、庸工”六项篆刻批评的标准，指出“篆病、笔病、刀病、章病、意病”五种篆刻创作上的常见病。他在《印品》一书中还单列“谬印”一章，敢于对当时名家篆刻进行有理论依据的批评，开创了篆刻史上印学批评的先河。

直到邓石如出现，他不甘于复古，而是推陈出新，为徽派篆刻开辟全新道路，他既是徽派篆刻的中坚力量，又是邓派篆刻创始人，影响了后世。

56 新安医学：著书立说医术高

新安医学档案：

新安医学是中国传统医学中独树一帜的著名流派。它兴于唐代，盛于明清。自北宋至清末，新安医家有540余人，其中225人撰、辑医学著作460余部，并有部分医籍东传朝鲜、日本。

新安医学家们的群体特征为不仅医术高明，而且著书立说，以他们的才华传承了中国医学。

北宋张扩，南宋张杲，元代程汝清、王国瑞，明代程充、汪机、吴正伦、吴昆，清代程正通、程林、汪昂、吴谦、郑梅涧、汪文琦、程杏轩……这些中国医学界的名流，构成了新安医学的群体力量。

新安医学兴起于唐代。当时吴人杨玄操任歙县尉，对《难经》进行注释，这是新安医学学术的开端。歙西七里头有一位僧人，叫慧明，他精研医学，治好不少疑难杂症，被当地人誉为“圣僧”。

新安医学相关研究图书

宋朝时，新安行医的人有很多。从现有的资料来看，从宋神宗元丰年间至宋末，新安有名医14人，有两人写了3部医学著作。其中，歙县张扩先学于湖北蕲水庞安常，后到四川向王朴学习脉诀，成为一代名医。他的再传弟子张杲，以亦儒亦医的行医风格著称于世，于南宋淳熙十六年（1189）写出了《医说》10卷，此书博采宋以前古代医书案而成，记叙了从三皇到唐代110多名名医的临床治疗经验，也是我国现存最早的医史传记，被公认是新安第一部医学著作。此后，

《新安医学内科精华》书封

婺源程怒倩（著《医方图说》）、马荀仲，歙县黄孝通，休宁吴源等相继涌现，为新安医学的兴起揭开了序幕。

元代时，歙县翰林鲍同仁撰《通元旨要》《二赋注》等，婺源太医王国瑞撰《扁鹊神应针灸玉龙经》。明初至正德末年，新安医学共有名医21人，其中有9人写了11部医学著作。比如歙县程宏宾有《伤寒翼》、汪源有《保婴全书》、许宁有《医学伦理》等。

新安医学在从明嘉靖到清末的近400年全盛期中，医学名家大量涌现，他们纷纷著书立说。其中，祁门汪机以毕生精力研究医学，写出了《石山医案》《续素问钞》《医学原理》《外科理例》《针灸问对》等著作13部76卷。歙县江瓘编成了我国第一部《名医类案》12卷。可以说，大量的医学著作问世，使新安医学广为人知。值得一提的是，汪机、吴谦分别被列为明、清四大医家之一。徐春甫的《古今医统大全》、程杏轩的《医述》等，已被列入中国十大古代医著。

新安医学专科齐全，世代相传，一般是家族相传，比如始于南宋“医博”黄孝通的“黄氏妇科”，至今已有20多代。明代余午亭和吴正伦创办的“内科”，也延续至今。清代王雪健创始的“新安王氏医学”，郑于丰、郑于蕃创始的“南园喉科”“西园喉科”等，在新安医学乃至整个中医学的继承和发展中，都起了很大作用。

57 徽州祠祭：庄严肃静传族风

徽州祠祭档案：

徽州祠祭是一种古老的传统民俗文化，是同宗族人聚在一起进行的祭祀活动。祭祀分族祭和房祭。族祭由族长主持，房祭由各房头房长担任主祭。

重视文化礼教的徽州人，在大量官员和徽商的资助下，纷纷建设宗祠，纪念祖先。比如棠樾大盐商鲍志道修建的“世孝祠”，他儿子鲍漱芳修建的“敦本堂”，他弟弟修建的“清懿堂”，都耗银上万两，雕饰精美。因此，踏上徽州大地，那些庄严、恢宏的祠堂昭示了浓郁的宗族文化，也为徽州文脉注上厚重一笔。

徽州祠堂有宗祠、支祠、家祠之分。宗祠一般多置于村镇两端、傍山或有坡度的地方，气势磅礴、庄严肃穆；支祠多为四合院式的建筑；家祠一般是官宦人家所建的祠堂。在徽州宗祠中，龙川胡氏宗祠可谓代表，它位于绩溪县瀛洲乡坑口（龙川）村，建于明代嘉靖二十五年（1546），清光绪四年（1878）重修，是一座汉族祠堂建筑。宗祠坐北朝南，前后三进，占地总面积1200多平方米，依山傍水，气势飞动，被誉为“江南第一古祠”。祠内装饰精美，尤以保存完好的各类木雕为最，有“徽派木雕艺术宝库”之称。这里的木雕大致分布在门楼、正厅窗门、梁勾梁托、后进窗门等四大部分，构图为龙凤、山水花鸟、优美境地等内容，突出吉祥、历史、美丽等主题。花雕采用浮雕、镂空雕和线刻相结合的技艺手法，图案精致生动，形神毕肖。

在明代嘉靖年间，随着徽州宗祠大量涌现，宗祠祭祀活动成为徽州宗族活动的一项重要内容。祠祭的礼仪要求非常严格，为报本之礼，一般由族长或宗子主祭。祭祀分族祭和房祭。族祭由族长主持，族长由族中年长辈高、儿孙众多、德高望重的人担当。房祭由各房头房长担任主祭。如黟县西递明经胡氏祠祀，正月初三至正月初七为各族祭祀，由族长担任主祭；正月初九至正月十五为房祭，由各房房长主祭。

出谱时举行的祠祭

徽州宗祠祭祖，有春祭、中元、秋祭、冬祭及先祖诞辰、忌日等形式。最普遍隆重的是春秋二祭奠和冬祭。祠祭时，族里会做祭祀的长者都穿戴礼服，抬着祭祀用的三牲，在祠堂里，按照古老仪式，进行一整套祭祀活动。整个活动复杂而严谨，礼数讲究，读祭文，讲古辞，奏古乐，高引赞，三拜九叩，充分展示出徽州民间祭祀的神秘场面。

徽州城乡的各族姓几乎都把祠堂祭祖作为宗族的头等大事，都认为“祭祀乃是大事，必精洁，必诚敬。否则，祖宗不歆……祖宗之灵无所不鉴，可不致慎？”通过对先祖的典祀，慎终追远，使族众知礼义，增强宗族凝聚力。

有一段时间，祠祭曾经被认为是封建迷信而遭到制止，今天在黟县西递，祁门县箬坑乡、历口、闪里、渚口等地被比较完整地保留、恢复起来。在箬坑乡、历口等地，每年腊月二十四要挂祖容像，进行冬祭。腊月三十夜里要到宗祠拜祖先，然后再回各支祠拜祖容。春祭时间为正月初二、初四，三个祠堂轮流，祭后每人发一杯米酒。初七为人日，收祖容，耍舞狮。如果宗族中有人家添了男孩，要做衣服、供香油、接蜡烛。中元节的时候，有些村子要做道士戏，搭高台，竖长旗，闰月为十三幡旗，常年为十二幡旗，显得庄严、肃静。

曲舞流芳

走一走江淮两岸，茶余饭后，花鼓铿锵；听一听“安徽声音”，黄梅乡音，萦回心房。

庐剧、花鼓灯、泗州戏，百转千回，传唱万家……民间歌舞、戏曲、风俗无不是劳动人民的智慧结晶，也是安徽人文精神的标志。

歌舞里有生活，戏中有声色，说不完的是那江淮大地上的传奇生活，唱不尽的是那皖山皖水间的荡气回肠。

58 徽戏：博采众长孕京剧

徽戏档案：

徽戏主要流行于明清两代的徽州府和安庆府一带。以高朗亭、郝天秀、程长庚等艺人为代表。徽班进京后，徽戏促就了京剧的诞生，同时与南方许多主要剧种如滇剧、粤剧、闽剧、桂剧、湘剧、赣剧、婺剧、淮剧等都有着血脉相连的渊源关系。

在中国戏曲发展史上，徽戏起过承前启后、继往开来的作用。

明嘉靖年间，很有影响的余姚、海盐、弋阳、昆山四大声腔相继流入安徽，与当地声腔进行糅合。清康熙、乾隆时期，随着徽商的鼎盛，出现了许多徽班，演唱各种题材的故事。据记载，最早组建徽班的是徽州人曹文埴，他曾任户部尚书，为了让老母亲不寂寞，特意组建了“华廉科班”。徽班的艺人大多数来自安庆、石牌一带。

徽戏名家、安庆人高朗亭、郝天秀等，把徽戏带到扬州演出。当时，扬州是“花部”集中地，但“安庆色艺最优”（《扬州画舫录》）。

乾隆五十五年（1790），为给乾隆帝弘历祝寿，以高朗亭为台柱的三庆班奉诏入京，此为徽班进京演出之始。其后，又有许多徽班相率进京，出现了以演连台本大戏见长的三庆班、以演昆腔见长的四喜班、以童伶见长的春台班和以武打戏见长的和春班，时称“四大徽班”。它们在表演上各有专长，各具特色，当时有这样的赞誉：“三庆的轴子、四喜的曲子、春台的孩子、和春的把子。”涌现了高朗亭、郝天秀以及后来的程长庚、何桂山、杨月楼、王鸿寿、汪桂芬、夏月姗、杨小楼等著名艺人，以程长庚贡献最大，被誉为“徽班领袖”“京剧鼻祖”。

清嘉庆、道光年间，湖北汉调艺人进京搭入徽班演戏，徽汉合流，集众所长，逐渐演变成以唱西皮、二黄为主的京剧。在数百年的发展历史中，徽戏表现形式多样，代表人物众多，影响了大江南北40多个剧种。可以说，徽戏不仅促成了京剧的诞生，而且为其他地方剧种提供了丰富的养料。

清代后期，京剧兴盛，徽戏艺人多改学新腔，从此京剧风行，徽戏式微。1956年，“安徽省徽剧团”成立，抢救挖掘、搜集整理近千部剧目和大量徽剧声腔、音乐、脸谱等珍贵资料。

徽剧的音乐唱腔可分徽昆、吹腔、拨子、二黄、西皮、花腔小调等。徽昆以演武戏为主，多用唢呐、锣鼓，气势宏大。吹腔兼有曲牌体和板腔体形式，以笛和小唢呐为主奏乐器。拨子用枣木梆击节，以唢呐、笛、徽胡伴奏。二黄以徽胡为主奏乐器，有导板、原板、回龙、流水等板式。西皮则有文武导板、散板、摇板、二六等板式，同样用徽胡做主奏乐器。花腔小调多为民间俗曲，生活气息浓郁。徽剧脚色行当包括末、生、小生、外、旦、贴、净、丑等，表演火爆热烈，气势豪壮，动作粗犷，特别擅长武戏，有翻台子、跳圈、蹿火、飞叉、滚灯、变脸等特技。

徽剧的特点是滚白滚唱，不仅让戏曲中的人物有倾吐内心积郁、激愤等情感的广阔余地，还富有叙述性，生动有趣。主要腔调有吹腔、四平、拨子和二黄，

徽戏表演

《百花赠剑》剧照

也唱西皮、高腔、昆腔、昆弋腔和花腔小调等。

徽剧在表演艺术上兼收并蓄，表现力丰富。文戏载歌载舞、委婉细腻。武戏则粗犷、炽热、功夫精深，善于高台跌扑震惊观众。小戏语言风趣、诙谐，乡土气息浓郁。

此外，徽剧还有不少绝活，如《滚灯》中的顶灯、《活捉》中的矮步、《三岔口》中的辫子功、《双下山》中的甩念珠、《月龙头》中的打红拳、《伐子都》中的三变脸等。

徽剧传统剧目丰富。其中，徽昆剧目以武戏为主，有《七擒孟获》《八阵图》《八达岭》等。昆弋两腔的剧目有《昭君出塞》《贵妃醉酒》等。吹腔、拨子剧目有《千里驹》《双合印》《凤凰山》等。西皮剧目有《战樊城》《让成都》等。皮黄剧目有《龙虎斗》《反昭关》等。花腔小戏剧目有《李大打更》《探亲相骂》等。

现代徽剧传承人中，优秀演员有章其祥、李龙斌、王丹红等人。

59 黄梅戏：树上鸟儿成双对

黄梅戏

黄梅戏档案：

黄梅戏，是在黄梅调基础上发展起来的一种剧种。其唱腔淳朴流畅，以明快抒情见长，具有丰富的表现力。表演质朴细致，以真实活泼著称。《天仙配》《女驸马》《牛郎织女》是其经典剧目。

许多人认识黄梅戏，是从电影电视里董永和七仙女的故事开始的。黄梅戏将古老的爱情故事，演绎出一片鲜活绚丽的天地。

安庆地区是黄梅戏之乡。这里地处吴头楚尾，湖泊众多，是鱼米之乡。明代以来，此地戏曲兴盛，青阳腔、徽戏在这里孕育成长，为黄梅戏的发展提供了土壤。黄梅戏在“黄梅调”基础上发展起来，曾被称为“采茶戏”。采茶戏是生活

黄梅戏艺术节开幕式

中的歌谣，从清乾隆末期到辛亥革命前后，一批安庆艺人用它演唱生活，表演故事，黄梅戏因此诞生了，并迅速发展。黄梅戏善于表现生活，《打猪草》就是对生活的生动再现。

黄梅戏早期演唱以小旦、小丑“两小戏”，或者再加小生为“三小戏”的演出形式为主，后在发展过程中吸收了青阳腔和徽调的剧目、音乐及表演，开始演出“本戏”。

黄梅戏伴奏锣鼓最初只有大锣、小锣、扁形圆鼓。中华人民共和国成立后，由于时白林等音乐专业人才的参与，黄梅戏的主要伴奏乐器逐渐演变为高胡，并加入以二胡、琵琶、竹笛、扬琴、唢呐、司鼓等民族乐器为主，电子琴、单簧管、口琴等西洋乐器为辅的混合乐队，增强了黄梅戏的音乐表现力。

黄梅戏唱腔淳朴流畅，以明快抒情见长，具有丰富的表现力。唱腔有花腔、主腔及三腔。黄梅戏源于民间歌舞，花腔是一个调式丰富的腔系，特点体现在调式色彩的明朗化、表情达意的质朴化、节奏律动的舞蹈化、旋律线条的口语化、唱词结构的衬字化等方面。主腔则是黄梅戏发展到成熟阶段的产物。它的出现，标志着黄梅戏音乐基本风格的框定。

1949年之前，黄梅戏主要是老一代艺人的谋生工具，其从业人员社会地位低。中华人民共和国成立后，黄梅戏焕发了生机。1952年，以严凤英、王少舫为代表的黄梅戏演员群体受邀去上海演出，引起轰动。第二年，安徽省黄梅戏剧团在合肥成立。

严凤英是黄梅戏杰出的表演艺术家。她与王少舫一道，塑造了许多经典形象。1955年由石挥导演，严凤英、王少舫主演的电影《天仙配》在全国反响热烈，同时向九个国家及港、澳、台地区输出，一时享誉海内外。以至于港台电影界在一段时期内大量出现所谓的“黄梅调”电影。此后，她主演的《女驸马》《牛郎织女》都深受观众喜爱。除了严凤英、王少舫外，编剧陆洪非、作曲时白林等都是幕后英雄。

由于黄梅戏深受观众喜爱，全国许多省市成立了黄梅戏剧团，安庆市还建立了全国唯一的培养黄梅戏专业人才的学校。20世纪80年代初，黄梅戏“五朵金花”诞生，她们分别是马兰、吴琼、吴亚玲、袁玫、杨俊。黄新德是继王少舫后，又一位著名的黄梅戏男演员。他在《龙女》中饰姜文玉、《徽商情缘》中饰陈之章、《生死擂》中饰郑京生、《风尘女画家》中饰潘赞化，人物刻画得栩栩如生。他汲取京剧、庐剧、泗州戏等剧种的精华，形成了自己“行腔委婉、吐字清晰、黄味浓郁、情感真切”的演唱风格。他们继严凤英、王少舫之后，在全国上下再次掀起黄梅戏热，黄梅戏应邀走进香港、澳门及其他省市演出。

近些年来，同其他传统剧种一样，黄梅戏的发展也面临着严峻的考验。在这一背景下，黄梅戏艺人在继承传统的基础上，尝试进行了改革，其中以新编黄梅戏《徽州女人》为代表，该剧由著名黄梅戏表演艺术家韩再芬、黄新德领衔主演。

黄梅戏表演细腻，悦耳动听，让人百看不厌。

60 庐剧：山腔水调唱乡音

庐剧档案：

庐剧，旧称倒七戏，又名小倒戏、到集戏、捣七戏、稻季戏等，流行于以合肥为中心的江淮一带和大别山区，包括六安、合肥、巢湖、芜湖、马鞍山等地。它在大别山民歌、淮河花鼓灯歌舞的基础上，吸收了锣鼓书（门歌）、端公戏、嗨子戏的唱腔，具有浓郁的地方特色。

“东墙上一幅画，爱坏雪梅女佳人，上画着苍松翠柏耐寒冷，高空中有雄鹰展双翅，万里鹏程”，曲调清新朴实，优美动听，那婉转流畅、不断变换真假声的唱腔，令人印象深刻。这就是庐剧的经典唱段《秦雪梅观画》。

从史料来看，庐剧的形成，距今已200多年。早期庐剧的表演比较简单，基本上是地方小调加民间舞蹈，大都是临时的串词、套词，没有固定的台词。传统庐剧没有管弦乐伴奏，只用锣鼓进行起奏、间奏和伴奏，故有“满台锣鼓半台戏”的说法。

过去，庐剧的班社大都是半职业性的，农忙时种田，农闲时唱戏，唱戏人的身份既是演员，也是农民。他们长期流动于乡村集市，演出时一般不上舞台，只打地摊，乡土气息极其浓郁，形式朴素而活泼，内容简单而真实，唱腔韵味十足。

庐剧在不断发展的过程中形成了上、中、下三路，风格各有不同。上路以六安一带为中心，音乐粗犷高亢，跌宕起伏，带有山区特色，称为“山腔”。下路以芜湖一带为中心，音乐清丽婉转，细腻平和，显出水乡风味，称为“水腔”。中路以合肥一带为中心，音乐则相对明快朴实，清新自然。

庐剧的传统剧目分为花腔小戏、折戏、本戏三类。它的唱腔分为主调、花腔两大类，演唱既适于叙事，也适于抒情。唱腔有几个明显的特点：一是不断用假声与真声交错，假声俗称小嗓子，是庐剧唱腔的一大特色。二是演唱中的帮腔吆

段婷婷等主演的新古典庐剧《孔雀东南飞》

台，即当舞台上的演员唱到一定时候，由场面和后台的演员齐声帮唱，声音高亢辽阔，烘托剧情，渲染舞台气氛，形成它特有的明朗风格。

庐剧曾培养了不少名演员。20世纪初，出生于肥东关家庙的王本银，为旦角，长得俏，唱得俏，演得俏，人称“王三俏”。王凤山的武丑为人喜爱。丁玉兰则是同黄梅戏的严凤英、豫剧的常香玉一样，已经成为观众心目中的庐剧符号。

中华人民共和国成立后，一批文人加入庐剧的创作，庐剧得到极大发展。1957年，安徽省庐剧团赴京演出，表演了《秦雪梅观画》《休丁香》《借罗衣》《讨学钱》等传统剧目，赢得各界好评。在怀仁堂演出时，全体演职员受到毛泽东、刘少奇等党和国家领导人接见，丁玉兰受周恩来邀请参加“五一”宴会，并登上天安门观礼台。那是庐剧的辉煌时期。

合肥市长丰县境内有非遗园，园内设置了楚汉文化园、千年文房四宝园、佛艺园、大自然玩乐园、中华物产园等子园区。在园内，游人可以动手制作非遗作品，感受各种非遗的文化魅力。里面还有古朴的戏台，可以看到庐剧表演。

61 泗州戏：风情万种拉魂腔

泗州戏档案：

泗州戏，原名拉魂腔。流行于安徽淮河两岸，距今已有200多年的历史。2006年，泗州戏被列入第一批国家级非物质文化遗产名录。

泗州戏与徽剧、黄梅戏、庐剧一样，具有深厚的群众基础和丰富的文化底蕴，它以优美的唱腔、动听的旋律，唱响淮河两岸、大江南北。

泗州戏与皖北人民的生活、习俗有着密切的联系，有传统大戏100多本、小戏和折戏200多出。其唱腔随意性很强，演员可以根据自身嗓音条件随意发挥，又名“怡心调”。男腔粗犷豪放，高亢嘹亮；女腔婉转悠扬，结尾处多翻高八度拉腔，明丽泼辣，动人魂魄。伴奏乐器以土琵琶为主，辅以三弦、笙、二胡、高胡、笛子等，另有板鼓、大锣、铙钹、小锣四大件打击乐器。

为什么泗州戏原名为拉魂腔？是因为其唱腔悲曲，闻之令人哀婉甚至流泪。而戏中喜、逗桥段则使人乐趣无穷，弹舌音和花腔独具风格，特别是其浓厚的乡土神韵加之表演中多用唉、哟等感叹词，令人听之心旷神怡、魂迷魄散。

拉魂腔形成于清代中叶以后，主要分布在山东、江苏、安徽、河南四省接壤地区。在长期发展演变中，逐渐分化为东路、南路、北路。从临沂起到沿海为东路，发展为柳琴戏；从滕州到徐州和丰县、沛县等地为北路，发展为淮海戏；泗县、灵璧一带为南路，发展为泗州腔，1952年，定名为泗州戏。

早期的泗州戏，是一种近似说唱的简单戏剧形式。它从一人敲板演唱“小篇子”（简单的生活小故事），一人用柳叶琴伴奏演唱“唱门子”（沿门卖唱），逐渐发展为“七忙八不忙，九人看戏房”的小戏班。他们以柳叶琴、梆子、小锣伴奏，并加人声帮腔，后来出现女演员，在唱腔和表演形式上有所发展。直到20世纪20年代，才有固定的班社正式登台。

中华人民共和国成立后，泗州戏开始在城市舞台演出，涌现出以李宝琴、霍

泗州戏

桂霞、李宝凤、周风云、王宝莲为代表的艺人群体。其中，李宝琴唱腔优美动听、委婉华丽，被誉为“泗州戏皇后”。正因为泗州戏具有活泼、动听、通俗和乡土气息浓郁等特点，在淮北、淮南及江苏北部一些地区极为盛行。

泗州戏的角色主要分大生、老生、二头、小头、丑等几类，其表演在说唱基础上大量吸收民间的压花场、小车舞、旱船舞、花灯舞、跑驴等舞蹈表演形式，演出时有许多独特的身段和步法，如四台角、旋风式、剪子股、仙鹤走、百马大战、抽梁换柱、燕子拨泥、怀中抱月、凤凰双展翅等，演员必须注意手、眼、腰、腿、步等各部位的协调与配合。

农村题材的生活小戏和现代戏是泗州戏最为擅长的演唱模式，1956年，在安徽省第一届戏曲观摩演出大会上，泗州戏推出了现代戏《女社长》和整理改编的传统剧目《打孟良》《井台会》《闹菜园》等一批剧目，使泗州戏在安徽的戏曲舞台上大放光芒，成为众多安徽戏曲剧种中引人注目的剧种之一。改革开放以来，泗州戏又再次焕发青春，排演了《摔猪盆》《懒大嫂》《拙大姐》《花狗子离婚》《八月桂》《乡野情》等大量生活情趣浓厚或紧扣时代脉搏的精彩小戏。

泗州戏深深扎根在皖北土壤中，与现实紧密联系，风情万种绽放着独特芳香！

62 贵池傩戏："戏曲活化石"

贵池傩戏档案：

贵池傩戏主要流行于九华山下的一些地区。贵池傩戏以宗族为演出单位，由于各宗族代代沿袭，至今仍保持着古朴、粗犷的原始风貌，被誉为"戏曲活化石"。

贵池傩戏起源于明代、盛于清朝，蕴含着古老的农耕文化特色。在贵池民间，素有"无傩不成村"的谚语，贵池傩戏主要流行于九华山下的刘街、姚街、梅街、棠溪、桃坡、元四、渚湖、清溪、茅坦、里山一带。一般在每年正月初七至十五祭祀时择日演唱，并且是以宗族为演出单位，不同宗族不同形式，一般都是以请神敬祖、驱邪纳福为演出目的，表演时佩戴面具。

贵池傩戏演出时分为三个段体。前段为傩仪和傩舞，中间为正戏，后段为傩舞与吉祥词。正戏前后有"请神"和"送神"的仪式。演出形式有两类：一类以舞蹈为主，如《舞伞》《打赤鸟》《魁星点斗》《舞滚灯》等十余种，汉代的绂舞、翿舞，唐代的胡腾舞、西凉伎等古代舞种均在其中有清晰地展现。

另一类是有唱、有白、有故事情节的正戏，又称本戏，剧目有《刘文龙赶考》《孟姜女》《姜子牙钓鱼》和《薛仁贵征东》等，从中可看出变文、词话、傀儡、村俚歌谣乃至宋杂剧、南戏对其的文化影响。可以说傩戏的演出形式非常丰富，把观众

带到一个神奇的艺术世界。

正因为一直沿袭戴面具演出的传统，所以傩戏舞台美术的风格以装饰性和写意性为主。戏中所用道具一般都自制，龙套及一般插科打诨的角色，既不勾勒脸谱，也不戴面具，只穿戴简易行头。各角色的脸谱扮相，包括冠戴、头饰、髯口均在面具上予以表现，形象鲜明、生动，富有个性。因为限于祭祀演出，它既无职业班社，也没有专业艺人，演员是各宗族按房头摊派男丁担任，艺术的传授大都是以"口传心授"的民间方式传袭以及父子相传和宗族师承。

贵池傩戏的声腔发展更有其明显特点。既沿袭了古老戏曲声腔的固定性，又有宗族师承关系带来的声腔音乐的变化性。固定性是指声腔方面的总体风格不改变，变化性是指代代相传的承讹所带来的曲调结构与旋律的具体变化。其音乐分为唱腔与锣鼓伴奏两部分；声腔分为傩腔和高腔两大类。地处九华山北麓的贵池山区与地处沿江南岸的贵池丘陵区的各宗族在地理环境、语言习惯以及生活习性等方面的不同，导致其演唱的声腔也有所差异，风格也迥然不同。

清代以前，居住在池州的家族都有傩事活动。今天的池州地区，依然有以傩仪、傩戏、傩舞等为内容进行的"春秋祭"活动，古朴又热烈。举办时，多以震耳欲聋的鞭炮、划过夜空的礼花和"高跷马"的表演热场。在爆竹鼓乐声中，村民向竹马献上红鸡蛋祈福后，当晚的重头戏傩戏"高跷马"正式开始。正式的春秋祭时，锣鼓响彻山村，鞭炮礼花，映照夜空；男女老少，欢聚一堂。尤其是正月十五的春祭，非常具有仪式感和独特的民俗风味。

63 皖南目连戏：“中国戏曲的鼻祖”

皖南目连戏档案：

皖南目连戏是以宗教故事“目连救母”为题材、保存于民俗活动中的古老剧种，被誉为“中国戏曲的鼻祖”。今天的祁门、南陵、石台等地都依旧流行。2006 年，目连戏被列入第一批国家级非物质文化遗产名录。

目连戏作为古老的神怪戏剧种，它涵盖着多元的思想，包容着多种艺术形式，有着浓郁的皖南文化色彩，成为中国古代戏曲中以佛经故事为题材、影响广泛的一个传统剧种，也是佛教与中国戏曲结合的代表作之一。

在安徽，祁门、南陵、石台等地都上演目连戏，它们百花齐放，反映着当地的风土人情，充溢着浓郁的地方文化色彩。

各个地方的目连戏均是依托于《目连救母》的戏文，其故事最早的记录是在佛家经典书籍中。到了明代，祁门清溪人郑之珍，为借戏曲宣扬佛理，劝人为善，以正社会之风气，在这些杂剧、变文、传说的基础上，撰写了《新编目连救母劝善戏文》3卷。它描写了傅相一家人的命运，讲述了傅相行善而升入天堂，其妻刘氏不敬神明，被打入地狱，其子傅罗卜孝母情真，地狱寻母，历尽艰险，终于感动神明，救母脱离地狱的故事。郑本目连戏一经产生，就在原徽州所属的六县流传开来，且流传到江苏、浙江、江西、湖南、福建、四川等地，被许多戏曲剧种移植上演。

目连戏在思想内容方面融合儒、释、道三家思想。在艺术形式上，目连戏演出时，有脚色行当、唱念做打，包含各种杂技、歌舞、戏曲，以及大量的民间风俗，并注意对人物性格的刻画和矛盾冲突的安排。其影响深远，今天的徽剧、川剧、汉剧、婺剧、昆曲、黄梅戏、桂剧、湘剧都还保留有目连戏中的《双下山》《王婆骂鸡》《哑背疯》《老背少》等折子戏。

观看目连戏是很尽兴的。它集戏曲、舞蹈、杂技、武术于一身，在服装、道具、化装、表演上也有独特之处。锯解、磨研、吞火、喷烟、开膛、破肚带彩特技和盘叉、滚叉、金钩挂玉瓶、玩水蛇、挖四门等舞蹈动作，以及金刚拳、武松采花拳、五龙出动拳等诸多拳路，都让人大开眼界。

目连戏的魅力还在于它唱腔古老。它最初为花鼓调，从清代开始改为大平调。其唱腔大多为高腔。后期受到徽戏和民歌小曲影响，改唱别调。基本唱腔是弋阳腔，即徽州腔、青阳腔，称为“徽池雅调”。还有一部分唱腔来自当地或外地流传的民间小调，与齐云山的道士腔相似。以鼓击节，锣钹伴奏，不用管弦，上寿时则用唢呐。

观看目连戏演出会让人过足瘾。它有“两头红”的说法，就是从太阳落山开始演，一直演到第二天的日出。它一共有百出戏，主要有《目连娘出嫁》《和尚下山》《挑经挑母》等。如果连续演出可以演七天七夜，是历史上最为有名、剧目最多、保存最为完整、内涵最丰富、规模最为宏大的佛教戏剧之一。

目连戏由民间进入宫廷，经过宫廷整理、提炼、完善，再走向民间。在戏曲表演艺术上独树一帜的目连戏有着“中国戏曲的鼻祖”之称。

64 花鼓灯：淮畔幽兰

花鼓灯档案：

花鼓灯是流行于淮河流域的一种以舞蹈为主，并将灯歌、锣鼓音乐和有简单情节的小戏，完美结合于一体的综合性艺术形式，它是淮河文化在舞蹈方面的集中表现。

花鼓灯流传于淮河流域安徽北部，在民间有着深厚的根基。它覆盖区域广，参与人数多，且流派丰富，是集灯歌、舞蹈、锣鼓、盘鼓、小戏于一体的综合民间艺术形式，享有淮畔幽兰的美誉。

追溯花鼓灯的历史，其源于宋（一说起源于夏），兴于明，盛于清末民初。时至今日，花鼓灯中宋代民间舞蹈活泼诙谐的风格仍依稀可见，其铿锵的节律和健美的声韵已经融进了淮河人民的血液，使花鼓灯成为这里民众精神生活不可缺少的一部分。

花鼓灯角色分为两大类：男角称“鼓架子”，女角称“兰花”。舞蹈是花鼓灯的主要构成部分，包括“大花场”“小花场”；歌唱部分统称灯歌，俗称花鼓灯子，多是在舞蹈间对唱或独唱，可长可短，即兴性较强。锣鼓也是花鼓灯中极为重要的组成部分，包括场面锣鼓和灯场锣鼓，具有情绪热烈奔放，节奏形式多变、明快紧凑，感染力强等特点。场面锣鼓可独立存在，单独演奏；而灯场锣鼓则必须与花鼓灯的舞蹈和小戏表演融为一体，起伴奏和渲染情绪的作用。组成花鼓灯锣鼓班子至少需要七人，使用的乐器则大都以花鼓、大锣、大钹为主，配以小锣、小钹、脆锣。

花鼓灯的舞姿和动作讲究放与收、动与静的巧妙结合，动作的节奏性强且富有变化。花鼓灯舞蹈是艺人们长期深入观察生活的智慧结晶，运用“比、兴”的手法，充分展现出饱含演员自身思想感情的舞蹈语言。

近几十年来，淮河流域出现了冯国佩、陈敬芝、常春利、郑九如、石经礼、杨再先等一批花鼓灯名家，有影响的节目有《游春》《抢扇子》等，形成了“千班锣鼓百班灯”的鼎盛局面。其中，“兰花舞”是广大群众进行集体健身的主要项目，可见花鼓灯表演已成为喜庆节日文艺表演的重要部分。特别是蚌埠市禹会区冯嘴子村，在近三千人的村子里，大多数人都会表演花鼓灯，被命名为“中国花鼓灯第一村”。

国家级非物质文化遗产花鼓灯——“鼓乡情韵”表演

除了蚌埠，淮南、阜阳地区的花鼓灯也有其鲜明特色。淮南花鼓灯将西汉时期的淮南乐舞融合其中，其风格奔放、激越而又轻盈曼妙，舞蹈表演有击鼓、击节的完整乐队伴奏，舞蹈比较规范，在表演时常常使用一些律动舞技，充分显示出抒情、传情、动情的风貌；阜阳花鼓灯的主要内容则是表达人民期盼国泰民安、风调雨顺、人寿年丰的美好愿望，体现人们对幸福生活的执着向往。

皖北淮河两岸的花鼓灯艺术可谓兼容南北文化之长，具有“南灯北歌”的特点，同时，淮河两岸也是中国汉族民间歌舞艺术的分水岭。从古至今，花鼓灯已形成独特的艺术风格和丰富的艺术语言。以冯派、陈派、郑派、杨派等十几个流派为代表的花鼓灯，舞蹈刚健朴实，节奏欢快，富有浓郁的乡土气息；音乐源自民歌，节奏多变，或高昂激越，或婉转纤柔。可以说，对淮北花鼓戏、泗州戏、凤阳花鼓戏、嗨子戏、推剧等剧种都有影响。

蚌埠有花鼓灯嘉年华，位于陶山西麓，是综合性文化旅游区。它通过多种手段保护、传承和发展花鼓灯艺术，创造了现代旅游休闲与传统非遗文化相融合的文旅模式。

蚌埠花鼓灯嘉年华

65 凤阳花鼓：竹棍小鼓咚呛调

凤阳花鼓档案：

凤阳花鼓又称“花鼓”“打花鼓”“花鼓小锣”等，是一种集曲艺和歌舞为一体的传统民间表演艺术，与花鼓灯、花鼓戏并称“凤阳三花”。

如果说花鼓灯是农民劳作期间的自娱自乐，那么凤阳花鼓则是一部含着泪水才能讲完的故事。

一般认为，凤阳花鼓形成于明朝。朱元璋建立明朝后，迁徙江南巨户到他老家凤阳府，花鼓艺术遂从江浙传到凤阳。由于凤阳府地区人口激增，加之“三年恶水三年旱、三年蝗虫灾不断”，导致这些迁徙的江南巨户的内心无法安定下来，总是希望回到江南故里。但朝廷严禁他们离开，于是，他们假扮卖艺人，以打花鼓唱曲为生的方式想要离开凤阳府。

明清时期，因为长年灾荒，每年秋后都有身背花鼓流落各地卖唱的职业艺人。他们走向四方，有的甚至漂洋过海到了东南亚一带活动。凤阳花鼓就在这样的背景中产生了，并被带到了各地。相传，人们用一个竹筒，两头蒙上羊皮，制成小鼓，又随意折两根树条当鼓槌，便形成了今天双条鼓的雏形。“说凤阳，道凤阳，凤阳本是好地方，自从出了朱皇帝，十年倒有九年荒。富人无钱卖粮食，穷人无钱卖儿郎，侬家没有儿郎卖，背着花鼓走四方……”唱词四句一转，易记易唱。

凤阳花鼓最早由一人或两人演唱。乾隆年间，有人将它改编为凤阳花鼓歌舞，在宫廷中为皇帝演出。乾隆年间编纂的《霓裳续谱》一书中就收录了《花鼓献瑞》《鼓乐呈祥》等歌舞节目。清末以后，舞蹈部分逐渐从民间的凤阳花鼓中分离出来，仅剩下歌唱部分，表演时，一人击鼓，一人敲锣，口唱小曲，一般唱词固定，主要有《凤阳歌》《鲜花调》《王三姐赶集》《孟姜女》等。其中挨家挨户卖唱叫“唱门头”，多为奉承之类的曲目。

凤阳花鼓

凤阳花鼓主要分布于凤阳县燃灯、小溪河等乡镇一带。其表演形式是由一人或两人自击小鼓和小锣伴奏，边舞边唱。20世纪50年代初，人们对凤阳花鼓进行了革新，增加了新的表现手法，剔除了小锣，专用小鼓伴奏演唱，花鼓小巧玲珑，鼓面直径三寸左右，鼓条为两根一点五尺左右的细竹根。表演者单手执鼓，另一只手执鼓条敲击鼓面，“双条鼓”由此得名。

凤阳花鼓的唱词是最直白的百姓白话，他们用自己的理解为这些话语加上了音乐，配上了舞蹈，唱唱跳跳间，独成一脉艺术流传下来。悲也歌，喜也歌，朗朗上口的凤阳花鼓以直抒胸臆的方式表达感情，代代相传。音乐方面，有关凤阳花鼓的文艺唱片曾风靡一时。

国家级非遗传人孙凤城融凤阳花鼓、花鼓灯、花鼓戏于一体，独创了一套凤阳花鼓表演体系。凤阳花鼓也在新时代中愈发展现出其迷人的魅力，经常会出现这样的画面：细细的两个竹竿敲着巴掌大的小鼓，伶俐的小姑娘唱唱跳跳，鲜艳的衣裳、绽放的小花，五彩缤纷中，一段凤阳小调跃然耳边，情真意切，生机勃勃。

璀璨文博

对话古今，传承着五千年文明盛世。

当历史被日月星辰带走，却也会留下一幅幅书墨古卷、一尊尊铜爵银觥、一扇扇古窗门楣、一座座水榭亭阁、一声声南腔北调。当它们被一一打捞上来，我们看到的是文物，也是一段沸沸扬扬的历史，更是连接千古的精神载体。

安徽有很多博物馆（院），珍品数不胜数，各自诉说着不同的历史岁月与久远的故事，也将五千年来的华夏文明和盘托出。

66 安徽博物院：十万珍品烁古今

安徽博物院档案：

安徽博物院位于合肥市，有馆藏文物20多万件。老馆陈列安徽近现代特色专题文物，新馆从侧面综合展示安徽的历史文化亮点，为国家AAAA级旅游景区、首批国家一级博物馆。

安徽博物院是安徽标志性文化设施之一。其中老馆位于合肥金寨路与安庆路交口，新馆位于合肥政务区天鹅湖南岸。两馆面积由原来的两万多平方米扩大到六万多平方米。

老馆外观为苏式建筑风格，造型呈U形，建筑简洁壮观，平面规矩，中轴对称，庄严肃穆。主楼高耸突出，回廊宽缓伸展，是合肥市20世纪50年代兴建的三大建筑之一。当年毛泽东参观博物馆时曾作出“一个省的主要城市，都应该有这样的博物馆”的指示。

战国楚大鼎

新馆周边有合肥大剧院、合肥奥体中心、安徽古生物化石博物馆等文化体育设施。建筑造型体现了五方相连、四水归堂的徽派建筑风格。这里竹海叠翠、池水清幽，环境优雅。外墙立面采用青铜纹理建材，体现厚重的文化历史，中庭内面采用晶莹剔透的玻璃做幕墙，具

安徽省博物院

有一定的现代感。

安徽博物院馆藏文物有历代铜、陶、瓷、金、银、玉器和货币、书画、砖雕石刻、文房四宝及革命文物、社会主义建设时期的文物等。藏品中最具特色的，是历年来安徽各地出土的商周青铜器，如寿县蔡侯墓出土的莲瓣铜壶，为春秋时期少见的艺术珍品。

这里的镇馆之宝当属楚王墓出土的楚大鼎，其通高1米多，重约400千克，形体高大，仅次于1939年河南安阳出土的商代后母戊大鼎。

楚大鼎，又称战国铸客铜鼎或大铸客鼎，出土于寿县朱家集战国晚期楚墓，为国家一级保护文物。其形制为圆口、方唇、鼓腹、圆底。腹部装饰有一周突起的圆箍，箍上饰模印羽翅纹，双耳和颈部外壁模印变体鸟首几何纹，蹄形足的根部为浮雕兽首纹。在造型和设计上，处处追求力量与气势的完美结合，呈现出体量巨大、厚重雄伟的艺术风格，是战国晚期楚国青铜器的杰出代表，堪称国之重器。

安徽博物院中众多文物珍品，昭示了安徽文化的厚重。

67 徽州文化博物馆：梦里徽州此处寻

徽州文化博物馆档案：

安徽中国徽州文化博物馆为安徽省第二大综合性博物馆，也是国内唯一全面展现徽州文化特色的博物馆。馆址坐落在黄山市屯溪机场迎宾大道南侧，占地面积157亩，建筑面积14000平方米。

镇馆之宝——宋代“文府墨”

徽州，中华大地上一个重要的文化地理概念，它以今天黄山市为中心，包括历史上徽州府和歙县、黟县、休宁、婺源、祁门、绩溪。

徽州历来以山水之秀、商贾之富、文风之盛、民风之淳而蜚声海内外，被誉为“东南邹鲁”“文献之邦”和“文物之海”。宋至晚清，这里的文化曾经高度繁荣。概括地说，徽州文化发轫于秦初，崛起于南宋，鼎盛于明清，不仅包括独具特色的徽州商帮、新安理学、徽派朴学、徽州戏曲、徽派建筑，还包括富有浓郁地域色彩的徽州民俗、徽州方言、徽州民间工艺和徽菜等，涵盖了哲学、经学、史学、医学、科学、艺术等诸多领域，是中国传统文化的标本和重要组成部分。

中国徽州文化博物馆主要展现了徽文化的博大，展出面积6000平方米，展示区域主要为基本陈列“徽州人与徽州文化”，分为：走进徽州、天下徽商、礼仪徽州、徽州建筑、徽州艺术、徽州科技六个部分。在这里，人们能够较为全面地了解新安大好山水、徽州与徽州人、明清徽商、徽州女人、程朱阙里、徽州宗族、新安医学、科技之星、文房瑰宝、新安画派、徽派版画、徽派篆刻、徽州村落、徽州民居、徽州三雕等。

馆舍的建筑以天人合一为主导思想，展馆周围龙山平缓环绕，高低层次错落有致。草木葱茏，环境优美，水景小品，点缀其间，人文景观与自然景观相映成趣。

中国徽州文化博物馆的前身为1963年成立的“徽州地区博物馆”。黄山市成立后，徽州地区博物馆更名为“黄山市博物馆”。2008年，安徽省“徽州文化博物馆”成立，原黄山市博物馆和黄山市文物商店成建制并入，安徽省“徽州文化博物馆”更名为“安徽中国徽州文化博物馆”。馆内收藏有陶瓷、砚台、徽墨、书画、徽州三雕、青铜器、三器、杂项、古籍图书、徽州文书等各种文物近十万件（册）。馆藏的歙砚、徽墨、新安书画、徽州文献是馆内的特色藏品，其中“文府墨”是我国目前发现最早的徽墨，也是该馆的镇馆之宝。这锭墨看起来不起眼，却

徽州文化博物馆外景

徽州文化博物馆

是从千年前的北宋时期墓葬中出土的，稀有而独特。

在这里能感受到新安画派的魅力。新安江清澈妩媚，千回百转于崇山峻岭之间，构成一幅奇妙的山水画卷。新安大好山水也为当地画家提供了绝好的绘画范本，并在画家渐江笔下被描绘至绝美佳境。

位于黄山市徽州区永佳大道的徽州文化园也是徽文化展示园区，它由碑廊、牌坊群、徽派盆景园、紫阳书院、新安画苑、古徽四宝斋、新安药堂、徽商纪念馆、徽戏楼、徽茶品茗阁、徽菜馆、文昌阁、五凤楼等部分组成。其中，碑廊汇集了海内外近40位名人名家的书法力作，篆、行、草、隶、楷一应俱全。文昌阁为砖木塔式两层六角形阁楼，楼内壁上分别刻着宋明清时期徽州书院、状元、进士一览表。紫阳书院、徽商纪念馆、新安画苑、古徽四宝斋、徽戏楼、徽菜馆、徽茶品茗阁、新安药堂等景区及徽州民居、购物娱乐休闲区都是了解徽文化的窗口。

68 秀山门博物馆：呈现徽风古韵

秀山门博物馆档案：

秀山门博物馆，位于池州城西南秀山门，与“十里烟村一色红”的杏花村毗邻，该馆馆藏文物4000多件，是国家AAAA级旅游景区、爱国主义教育基地。

秀山门博物馆外景

池州，是一方古老而神奇的热土。数千年文脉绵延传承，吴侬软语、三楚情思、中原雄风在这里融汇流转；儒家文化、道家文化、佛家文化在这里荟萃交融。独特的地理位置，久远的历史文明，形成了池州深厚而独具风韵的地域文化，秀山门正是古池州城的一座城门，宛如历史遗留下的一段岁月时光。

人们在这座城门里开辟了一座秀山门博物馆，馆内院落宽敞，古色古香。总建筑面积近10000平方米，展厅面积近7000平方米，以明清风格的建筑直观再

秀山门博物馆经殿

现了池州昔日繁华的景象，被誉为“池州卢浮宫”。

全馆秉承“再现历史，传承文化”的设计理念，以中国古建筑文化为主题，按照《池州府志》所载池阳古郡地理方位、名称修建而成，处处体现着文化池州的古风古韵。整个馆内的陈列设计为：一楼石城古韵；二楼秋浦遗风；三楼池阳胜境；四楼集贤殿；五楼文选楼。馆内的木门、木窗、斗拱、石鼓、石狮等均从民间古建筑中收集而来，充分展示了历史潮流中古建筑文化的魅力。

秀山门博物馆为人们打开了一个了解池州地域文化的窗口，它以陈列木雕、石雕、砖雕等文物为主体，同时馆藏名人字画、陶瓷器、青铜器、玉器等器物。馆内采用场景再现的布展形式，让参观者直观地看到古建筑雕饰构件与建筑的关系，不仅向人们展示了古代的建筑艺术、雕刻艺术、金漆艺术，又能使人们了解到中国古建筑构件雕饰所蕴含的美好寓意，而且从一个侧面反映出古人的生活环境、审美情趣、伦理教化思想，从而达到宣传传统文化和教育后人的目的。

在这里，大多房间布局均是按照原来的陈设复建，极富古雅的色彩和情调，让参观者能够一睹过去能工巧匠精美绝伦的精湛手艺。那些琳琅满目的陶瓷，那些鬼斧神工的建筑，无不散发着先人智慧的光芒。随着游览的层层递进，参观者如同穿梭在历史的隧道中，身临其境感受历史延绵，令人心生敬佩，心生感慨！

69 皖西博物馆：掀开恢宏的历史画卷

皖西博物馆档案：

皖西博物馆成立于1980年，现有地面文物1700多处，馆藏文物2万多件，其中一级文物300件。馆藏量居全省博物馆第二，为国家二级博物馆、国家AAAA级旅游景区。

皖西，区域独特，历史悠久。这里是皋陶后裔的封地，商为六国。春秋时成为楚的属地，是吴楚百年之争的古战场。汉代九江王、淮南王英布，六安王刘庆均建都于此。新民主主义革命时期，是鄂豫皖革命根据地的重要组成部分，享有“红色摇篮，将军故里”的盛名。这片革命土地同样承载着中华民族的灿烂文明。

皖西博物馆是全国少有以地理方位命名的博物馆，坐落于六安市政务新区市行政中心东侧，建筑设计独特、结构新颖，以三层主殿为中心，南面为两层东、西耳房，背面为凹字形两层后楼，庄严肃穆。

博物馆由以六安历史文物精品和皖西革命文物为内容的“走进皖西”基本陈列馆和“皖西庐剧艺术”“皖西民风民俗”“元亨纪念馆”三个专题陈列馆

皖西博物馆

组成，相对自成系统，具备文物收藏、保护、展示、教育和研究的功能。

其中商代牺首兽面纹青铜圆尊是皖西博物馆的镇馆之宝。它于20世纪90年代在六安市委党校礼堂施工工地出土，高70厘米，为大敞口，故常被称为大口尊，长直颈，宽折肩，直腹，高圈足。整个造型舒展、精美。

这件牺首兽面纹青铜圆尊颈下部饰三周凸弦纹，肩部圆雕三牛首、三扁身立鸟并浮雕三对夔龙纹。腹部、足部各饰三组浮雕兽面纹，每组兽面纹以一道扉棱相隔，以云雷纹为地，足根部有三个不规则方形镂孔，更增神秘色彩。它静静地屹立在博物馆内，守护着皖西一方平安。

而馆内基本陈列，则是以夏商周到元明清的历史文化进程为脉络，包括“皋陶魂”“古代英杰”“红旗漫卷”三大部分。它以青铜文化、陶瓷文化、葬制文化、红色文化为主题，以文物、文献、历史图片为载体，结合馆藏实际，通过场景、模型、数字技术、图文等多种辅助手段，展示着皖西在中华民族文明史、中国革命史中的重要地位和贡献。

革命文物当属皖西博物馆的一大特色。馆藏有逼真的模拟战场和栩栩如生的战争英雄人物模型，有反映农协活动情况的《六安九上堡农民协会会员名册》，有根据地土地革命的成果“红军公田碑”，有霍山鹿吐石铺战斗的见证——霍山“抗日阵亡将士纪念碑”，有红色经济的产物“皖西北苏维埃铜币”“皖西流通券”等，无不见证、诉说着悲壮的革命历程。

70 铜陵博物馆：青铜器里的精彩

铜陵博物馆档案：

铜陵市博物馆是一所集文物收藏、整理保管、陈列展览、宣传教育、研究交流、娱乐休闲于一体的，重要的铜文化宣传教育和科学研究机构，为国家AAAA级旅游景区。

铜陵市博物馆作为“青铜故里，中国铜都”的铜陵城市文化旅游新地标，坐落于铜官区陵江北道八宝路，毗邻西湖湿地公园。展陈面积约5000平方米，环境幽雅，文化氛围浓厚。

外观设计结合了当地特有的青铜文化的铜陵市博物馆，外形由圆弧形建筑和方块形建筑构成，构造方圆结合，蕴含着徽派建筑“天圆地方”的思想，充分演绎出古代中国青铜冶铸“范”与“器”的关系、青铜礼制与法治相统一的关系。建筑主体外形以铜陵出土的青铜器——春秋龙耳鸟纹鉴为设计原型建造。在铜镜还没有盛行之时，古人以鉴盛水，以“照容貌、正衣冠”，鉴起着今天镜子的作用。如今有一个成语叫“以史为鉴”，就是以历史为镜子的意思。不言而喻，这个建筑的外观设计也有着以鉴为形，以铜为镜，映照出铜陵3000多年青铜文明的发展进程的含义。博物馆内的圆形铜幕墙由近3000平方米的菱形青铜板拼装而成，用铜量达50吨，是目前国内最大的单体装饰铜幕墙。充满现代感与蕴含当地特色的金属质感的结合，让人在不自觉中融入这个宣传悠悠铜文化的环境之中。

铜陵市博物馆是以铜文化为主线，全方位展示铜陵在中国青铜文明史中的突出地位、铜文化发展成果以及铜产业兴盛现况与未来方向的专题博物馆。馆内展陈主体为铜文化，并辅之以陶瓷展、两个临时展厅和青铜鉴展厅，再现了古铜都铜陵3000多年的采冶铸历史和文化遗韵。馆内收藏众多，藏品精美，有蟠螭纹镜、龙柄盉、兽面纹鼎等珍贵藏品。

其中最值得关注的是馆内镇馆之宝：饕餮纹爵·饕餮纹斝。它出土于铜陵县西湖乡童墩村。爵为直壁平底，菌形单柱，柱顶饰涡纹，三角锥足，腹部饕餮纹，上下一周连珠纹，经弦纹作界栏，饕餮纹以鼻梁为基准线，两边为对称的目纹，通高23厘米，流到尾长18.9厘米。斝为筒腹、口外侈，双菌状柱，柱顶饰涡纹，平底，三角锥足，腹部上下各饰一周饕餮纹，上下对称。

爵为饮酒器，一般前面有饮酒的流，后有尾，中有杯，一侧有扳，下有三足，流与杯口之间有柱，除起装饰作用之外，还为了在饮酒时抵住鼻梁，防止暴饮过量。斝为盛酒器，兼可温酒，圆口，有扳有流。斝与爵常常组合在一起使用，西周早期以后，这两件器物逐渐消失。而铜陵饕餮纹爵·饕餮纹斝的出土，为研究青铜时代的文化提供了有力的历史材料，令人振奋。

铜陵博物馆

71 宿州博物馆：诉说秦风汉韵

宿州博物馆档案：

宿州博物馆是一所集展览、收藏、陈列、研究、传播于一体的文化宣传中心和科学研究机构，现有文物一万多件，为国家二级博物馆、国家AAAA级旅游景区。

大运河流经的宿州，早在新石器时期便闪烁了文明之光，这座厚重的文化古城，是皖北的明珠。

宿州市博物馆作为宣传展示宿州历史文化的一个平台和窗口，坐落于银河一路南侧和人民路西侧，宿州市政务中心对面，占地五十亩。

博物馆建筑风格充分吸纳了汉文化元素，仿汉式高台大屋顶规制，大理石外墙，正立面镶嵌着取自汉化像石图案的浮雕，庄重古朴。博物馆在富含古宿州汉代文化理念的同时，又体现现代意识。在古典与时尚的文化交融中，潜移默化地体现宿州的历史悠久和与时俱进。

全馆共分为三层。二、三层是展示宿州历史文化展厅，包括九州通衢、人文溯源、秦汉雄风、汴水咽喉、明清遗韵、现代风云、人杰地灵等七个部分。展陈文物众多、史料翔实、图文并茂。

博物馆内，藏品丰富。

风花雪月四系瓶是宿州博物馆中不可多得的镇馆之宝。因上腹部褐彩自右向左行草书写流畅洒脱的“风花雪月”四字，故而得名“风花雪月四系瓶”，为国家一级文物。

风花雪月四系瓶出土于宿州市小隅口北路东侧，为金代器物，产自磁州窑。小口，卷沿，短颈，溜肩，长弧腹，圈足。颈肩部竖装四系，胎体青灰，较细腻。口沿及颈、系上部施酱釉，其下至上腹部施白釉，釉线不齐，下腹至底施酱釉，器外满釉，器内口沿施酱釉，颈部白釉。肩部褐彩两圈。外部端庄浑厚，给人以宁静安详的静态美，内部的巨大容量显示了其包容万物的和谐美。由外向内沉稳和谐，黑白两色阴阳结合显得主次分明，对比强烈而形成无尽的美感。

汲先人之智慧，实当代之发展，铺后人之道路。文明延续，这个民族的精神便会一直延续。宿州博物馆，将宿州这座文化古城悠久的历史、灿烂的文化和辉煌的经济社会发展成就进行了充分展示，吸引带动着人们尊重历史，以史为鉴。

穿越八千年时空隧道的宿州博物馆，蕴含着大运河的文明，散发着秦风汉韵。

寿县博物馆：汇集楚文化

寿县博物馆档案：

寿县博物馆又称寿春楚文化博物馆，是安徽省建馆较早的博物馆之一。新馆占地面积两万平方米，全面地展示了寿州大地的悠久历史和灿烂文化，为国家AAAA级旅游景区。

寿县，古称寿春、寿阳、寿州，是国家历史文化名城，楚文化的故乡，也是淝水之战的古战场，素有“地下博物馆”之称。寿县博物馆收藏了数量丰富的文物，筹建于1958年，是安徽省建馆较早的博物馆之一，在文博界享有很高声誉，是国家重点博物馆、安徽大学人文素质教育基地。

原馆址设在寿春城内东北隅江淮名刹——报恩寺内。新馆位于城西大街繁华地段，与孔庙相邻，馆内分7个专题，共设11个展厅，分别为楚都遗珍、晚蔡履迹、楚墓撷宝、汉魏流韵、璀璨文物、淝水之战、翰墨流芳、彩瓷缤纷、古窑之光、宗教艺术、廉政教育基地，较全面地展示了寿州大地的悠久历史和灿烂文化。

寿县博物馆是以收藏寿县境内出土的历史文物为主，侧重收藏楚文化体系文物，同时亦兼藏近现代传世文物和革命文物的地方综合性博物馆。这里有藏品

寿县博物馆

一万多件（套）。其中一级藏品220件（套），收藏的“越王者旨于赐”剑、羊首尊、牺首鼎、楚金币以及金棺和银棺等，都是镇馆之宝，尤其是收藏的青铜器和楚金币是馆藏文物一大特色。

战国时楚国出现有铭文的金版，即在一块扁平的不规则形金块上打印文字，形成若干的小方块，通常排列成平行的四行，印数在十至十九个不等，这些印记一般1.3厘米见方，形似印章，俗称“印文金”。

寿县博物馆内藏品

楚金版的流通地区很广，以安徽寿县、凤台为中心。20世纪80年代，寿县南门外的一户农家清理藕塘，挖出大量沉甸甸形似“瓦片”的楚金币。两月后，同样是在寿县南门外，另一户农家也在自家藕塘中挖出被切凿过的“郢爰”和无印记金版100多块。

寿县历年出土的楚金币有“郢爰”148块、“卢金”5块、“陈爰”2块、无印金版18块，还有部分零碎散金，成为寿县博物馆王牌藏品之一。

“郢爰”除本身作为黄金和货币使用外，还有着深厚的历史价值。公元前241年，秦国攻楚，楚国被迫将国都迁往寿春，楚人在寿春度过最后的18年，因而寿春成为楚国最后的国都，从而先后出土大量珍贵文物。

“越王者旨于赐”剑，为战国时期越国青铜兵器。剑格两面有用绿松石镶嵌的鸟篆“越王越王者旨于赐”八字铭文。此外，羊首尊、牺首鼎、金棺和银棺以及大量青铜器，都见证了这座历史悠久的楚国都城的昔日辉煌。

红色热土

“一寸山河一寸血，一抔热土一抔魂。”2016年4月，在金寨县红军广场前，中共中央总书记、国家主席、中央军委主席习近平深情地说出这样一句话。

遥想血雨腥风的战争年代，多少仁人志士为革命抛头颅洒热血，多少江淮儿女为理想献出生命。安徽大地上，处处皆有红色足迹，处处可见满腔忠贞。

走进这方热土，红色基因会渗进血液、浸入心扉，澎湃成一股团结向上的力量。

73 泾县云岭新四军军部旧址纪念馆：感受“铁军精神”

泾县云岭新四军军部旧址纪念馆档案：

新四军军部旧址纪念馆，位于泾县云岭镇罗里村，占地面积约20000平方米，包括军部司令部、军部大会堂、烈士陵园和叶挺桥等十处旧址。它是全国首批重点文物保护单位、全国保存最完整的革命旧址群之一。

皖南事变烈士陵园，位于城郊的水西山，为安徽省红色旅游（经典）景区。

安徽泾县，山清水秀，是宣纸的故乡。

这块富含诗意的土地，因为新四军及其丰功伟绩而闻名。

新四军军部旧址纪念馆是依托抗日战争时期新四军军部驻扎云岭期间留下的主要遗址而建立的革命纪念馆，处于安徽省“两山一湖”旅游经济圈的中心位置，是全国著名红色旅游胜地之一。

这里保存完好的有军部司令部、大会堂、政治部、中共中央东南局等十处旧址，房子为明、清时代的徽派古典建筑，雕刻精美。其中，司令部位于罗里村内。它原为两座清末建筑，一名“种墨园”，一名“大夫第”。从名字上可以想见当初的主人多么重视文化。抗战期间，军长叶挺、副军长项英等人均在这里办公、居住。1939年2月，中共中央副主席周恩来前来视察时，就住在“种墨园”内。

罗里村西的汤村有一座清末建筑，是新四军政治部旧址。新四军政治部主任袁国平、邓子恢等先后在此办公；当时非常有名的《抗敌报》曾在这里发出时代的声音。军部大会堂旧址位于罗里村西1千米处，这里原为云岭村陈氏宗祠，始建于清康熙年间。该祠规模宏大，分为前、中、后三大厅。前厅的木质舞台，是当年新四军修建的，这里当时是军部召开大会与开展其他活动的场所。修械所旧址在大会堂东边，原为关帝殿，始建于明万历年间，砖木结构，保存完好。在叶子河上，有一座桥是叶挺军长主持设计的，大家称之为“叶挺桥”。

在泾县城郊的水西山，有为纪念皖南事变中殉难的新四军将士而建立的烈士陵园。烈士陵园占地15公顷。进入陵园，土墙上镶嵌着叶飞题写的“皖南事变烈士陵园”字碑，从小广场右转后，便是主碑纪念广场，广场由纪念碑、纪念廊、无名烈士墓等组成，纪念广场与外围的花圃组成了一个献给烈士的巨大花圈，纪念廊与名人题字廊高低错落。

形态各异的白色马头墙簇拥着高大的纪念碑，碑面镶嵌着邓小平“皖南事变死难烈士永垂不朽”的题词。整个陵园庄严、肃穆、凝重。

1941年，皖南新四军直属部队等九千余人，在叶挺、项英率领下开始向北转移。当部队行进到皖南泾县茂林地区时，遭到了国民党八万多人的突然袭击，终因寡不敌众，弹尽粮绝，大部分战士壮烈牺牲。这就是震惊中外的“皖南事变”。当时，周恩来愤然发表了“千古奇冤，江南一叶；同室操戈，相煎何急？”的题词。

缅怀先烈，不忘初心。许多人来到这里，重温新四军的抗战经历，感受英勇的“铁军精神”。

74 太湖刘家畈刘邓大军高干会议旧址：大山里的重要决策

太湖刘家畈刘邓大军高干会议旧址档案：

刘家畈刘邓大军高干会议旧址，坐落在太湖县刘畈乡刘畈村。1947年，刘伯承、邓小平率领中原野战军挺进大别山在刘家畈胡家祠堂召开重要的军事会议，史称刘家畈会议。

刘家畈会议是一次重要的会议，在解放战争史上留下了浓墨重彩的一笔。

胡家祠堂位于刘畈乡刘畈村，原为一幢三进（每进均有天井）、群墙照壁式、青砖小瓦结构的清代建筑。曾为刘畈小学、中学使用。

1947年11月2日，刘伯承、邓小平从湖北蕲春胡家凉亭出发，经张家塝往安徽太湖行进。两天后，到达太湖驻刘家畈南阳河，部队驻扎在上至凉亭（红光）下至南阳河约七千米长的地区，司令部、政治部设在南阳河的胡氏祠堂。刘邓首长住在柴湾潘为基家，李达、刘子久、张际春、陈少敏、刘昌毅等分住胡氏祠堂附近的唐屋、梅屋、厂屋等地。

在原址基础上修复的胡氏祠堂为青砖黛瓦式徽派建筑。这里地势开阔，前面为稻田，四周青山围绕，景色宜人。高高的马头墙，隔开了东西建筑。走进去，青石板、朱红大门，依旧可见昔日的辉煌。

1947年11月9日至12日，刘邓大军在这里召开了由野战军司令部主持，三纵队旅长以上干部和皖西工委、皖西人民自卫军支队长以上干部参加的高干会议。出席会议的有30多人，野战军和中原局领导有刘伯承、邓小平、李达等，三纵队旅长以上的干部有陈锡联等，皖西人民自卫军和皖西地方工委支队长以上的干部有刘昌毅、桂林栖、于一川等。会上，刘伯承、邓小平分别作了关于目前形势与任务的报告，强调贯彻《中国土地法大纲》和中原局《关于放手发动群众，创建大别山解放区的指示》等，会议决定成立中共皖西区党委、皖西行署和皖西军区。

千里跃进大别山，是解放战争时期党中央的一项重大战略决策。刘家畈高干会议，是刘邓大军从挺进大别山到走出大别山这一战略中一个承上启下的重要会议，为开辟大别山解放区、建立牢固的根据地奠定了坚实基础，解决了怎样站得牢和如何发展好的问题。

太湖县刘畈乡胡氏新祠，为刘邓大军高干会议旧址。

一件件实物见证了特殊时期的重要决策，而老人们讲述的故事则传承了一种精神。当年，刘家畈出现了盛况空前的拥军热潮，广大群众把自己的口粮省下来送给部队；有的甚至运送来了自家仅有的棉衣和棉被；裁缝们义务前来赶制棉衣、棉被；老百姓踊跃帮着缝补衣服。在军民共同努力下，部队的干部、战士很快穿上了过冬衣、盖上了过冬被，留下了军民鱼水情深的佳话。

太湖县山清水秀，刘家畈高干会议旧址又为这里增添了红色文化因子，使之成为皖西南重要的红色旅游胜地。

75 岳西红军中央独立第二师司令部旧址：革命烈火燃遍村落

岳西红军中央独立第二师司令部旧址档案：

红军中央独立第二师司令部旧址位于岳西县天堂镇东山村，总面积1800平方米，是保存较完好的祠堂，为省级重点文物保护单位。整座建筑为清代宗祠，分独立第二师革命史展室、大别山民俗展厅、岳西非遗馆等几个部分。

红军中央独立第二师司令部旧址原为岳西县汪氏宗祠。1930年2月，继黄麻、商南、六霍起义之后，岳西县爆发了著名的鄂豫皖四大暴动之一的请水寨暴动，并且在此基础上诞生了一支有重大影响的工农武装——潜山独立师。

潜山独立师先后更名为潜山工农革命军、中国工农红军第三十四师、中国工

独立二师司令部旧址全景

农红军中央独立第二师。师长是王效亭，司令部的旧址就设在汪氏宗祠。

纪念馆以请水寨暴动为主要展陈内容，通过图片、文字、实物等方式再现了革命岁月里发生的那场波澜壮阔、声势浩大的农民运动的场面。纪念馆利用宗祠的东、西厢房开辟了“大别山民俗展厅”和“岳西非遗馆”，让更多的人了解到岳西的民俗民情和历史文化。

走进汪氏宗祠前大厅，墙壁两侧陈列着岳西地方古建筑图片，有古祠堂、古民居以及美妙绝伦的“砖雕、木雕、石雕”三雕，令人目不暇接。跨过一个天井来到中厅，回过头，就会看见前厅二层正中为古戏楼，两侧延伸与中、后厅厢房二层连通，当地人称其为走马通楼。古戏楼的门头上分别用楷书书写了“出将”“入相”字样，寓意进进出出非将即相。祠内一副楹联写道“演一部忠孝图后人作鉴，唱几阙清平调先祖是听”，意境深远，耐人寻味！汪氏宗祠里的雕刻彩绘极为讲究，人物故事、珍禽异兽以及花草图案都因势就形雕刻得既巧妙又有趣。

祠堂的中大厅，是当年中央独立第二师司令部的中心机构。两侧的厢房分别是“中央独立第二师革命史”一、二展室，当年的实物配上文字说明和图片介绍，令人恍然有身临其境之感。

继续向后，就来到了“王步文生平事迹陈列馆”。迎面而来的一副挽联引人注目：“是革命家，是教育家，怀如此奇才，生而无愧；为革命死，为大众死，仗这般大义，死又何妨？”这是中共安徽省委首任书记王步文的生前好友在他英勇就义后写的挽联。挽联概括了王步文一生的战斗历程，是对他的品质、志向、人生观的真实写照。东西两侧各有两个展室，从“少年立志、传播马列、求学日本、临危受命、壮烈就义”五个“板块”，展现了王步文短暂、光辉而又不平凡的一生。

西厢房是“大别山民俗展厅”。岳西县位于古南岳天柱山之西，因而得名岳西，素有“五里不同音、十里不同俗”之说，是大别山地区天然的民俗博物馆。西厢房将在岳西境内征集到的清末和民国时期的三百多件（套）民俗实物，以“耕读传家”为主线，分农事、纺织、教读、婚嫁、文娱等几个层面予以展陈，生动再现了20世纪初岳西县丰富的地方民俗文化。

76 金寨红二十五军军政旧址："长征先锋"诞生地

金寨红二十五军军政旧址档案：

红二十五军军政旧址，位于今响洪甸水库淹没区。复建的旧址位于金寨江店镇的革命遗址园内。旧址群除了红二十五军军部，还有七十三师师部、皖西北道委机关、皖西北苏维埃政府等，总占地面积950平方米。

易地重建的红二十五军军政旧址

蜿蜒的淠河上游，锦绣的齐云山畔，有一座著名的响洪甸水库。这里山峦迭起，碧波荡漾。然而，这清澈美丽的大面积水域之下，却沉没着一座自古繁华的小镇——麻埠镇。修建响洪甸水库时，麻埠镇位于淹没区，永远沉在了浩浩荡荡的清流之中。而中国工农红军二十五军的诞生地，就在麻埠镇上。

革命战争年代的金寨，巍峨的群山之间，枪声震荡，炮火连天。黄麻起义、商南起义、六霍起义，相继爆发，"六霍苏区"日益稳固和壮大。为了进一步粉碎敌人的重重围剿，进一步建立和巩固鄂豫皖根据地，1931年，中共鄂豫皖中央分局和军事委员会决定，在麻埠镇正式成立中国工农红军第二十五军，由旷继勋任军长，王平章任政治委员。

这一支在大别山腹地金寨县诞生并发展壮大的红二十五军，是我党建党初期建立的一支建军规范、纪律严明、政治可靠、战斗力很强的人民军队，是长征到达陕北的第一支红军，被人们誉为“长征先锋”。对创建西北革命大本营，夺取中国革命的胜利做出过卓越的贡献。

“革命军人个个要牢记，三大纪律八项要注意，第一一切行动听指挥，步调一致才能得胜利。”这支著名的革命歌曲，大家一定都非常熟悉，它最早就是在红二十五军中唱起来的，后来唱响全国。有了如此严明的纪律，红军因此得到了人民的信任和支持。母亲送儿当红军，妻子送夫当红军，金寨有十万儿女当了红军。老百姓积极为红军送军粮、缝军衣、做军鞋，以生命掩护红军，一幕幕感人的场面，一个个令人动容的故事，在金寨的山山水水间上演。

走进红二十五军军政遗址群，就像走回到那风雨如磐的战争年代：这不是徐海东坐过的椅子吗？为了革命的胜利，为了人民的解放，他经常深夜还坐在这里研究地形，部署作战计划。这不是当年小战士穿过的军服吗？带着补丁，带着血迹，他们匍匐在潮湿的山地上，英勇作战。这不是官兵们睡过的床吗？简陋的木板，支撑着一个个英雄的躯体……红二十五军军政旧址中展出的大量实物和图片，以重要事件和人物为内容，充分展示了红二十五军艰辛而辉煌的战斗历程。

红二十五军是在金寨境内成立的第一支成军建制的红军队伍。1934年，红二十五军北上川陕，开始长征。二万五千里的长征路，考验着每一位战士，也考验着这支勇敢无畏的革命队伍。红二十五军爬雪山，过草地，胜利到达陕西延川的永平镇，成为长征中到达陕甘革命根据地的第一支红军，被誉为“长征先锋”，以血肉之躯谱写了一曲无与伦比的英雄史诗。在红二十五军军政遗址群，这种精神已经化为一种力量，激励着来此参观的人们。

77 金寨县革命烈士陵园：一抔热土一抔魂

金寨县革命烈士陵园档案：

金寨县革命烈士陵园，位于史河西岸的西山上，是一座融博物馆、纪念堂、革命烈士纪念塔、红军广场、红军墓为一体的大型陵园，是全国重点烈士建筑物保护单位。

金寨县，是一个红色革命中心，十万坚贞不屈的金寨儿女为共和国献出了宝贵的生命，它是“红军的故乡，将军的摇篮”。1955年至1964年间，这里被授予少将以上军衔的有59位，是著名的革命老区、将军县。

若你来到这里，金寨的山、金寨的水，金寨的每一片云、每一缕风、每一株草，都会给你讲述在那风雨如磐的岁月里，金寨人民为保卫祖国、保卫家园所付出的努力、作出的牺牲。

金寨县烈士陵园中央是巍峨的革命烈士纪念塔，它于1960年10月建成，气势磅礴。每当站在这座24米高的塔下，对革命先辈的敬畏之情就会油然而生，内心就会有一种庄严感和崇高感。刘伯承元帅亲笔题写的“星火燎原”四个镀金大

金寨革命博物馆

字，在阳光下熠熠生辉。塔基上的汉白玉浮雕，精工细腻，浮雕上人物的每一种姿势、每一个表情、每一双坚定的眼神，都呈现出英雄的气概。这浮雕不是刻在洁白的石头上，而是刻在广大人民群众的心里，刻在历史的丰碑上。

红军广场烈士塔

博物馆是一组合式建筑，主楼上镶嵌着邓小平题写的馆名，与烈士塔交相辉映。馆前广场上假山重叠，喷泉旖旎，四周灌木青葱，松柏挺立，花木盆景，四季常青。沿花岗岩台阶拾级而上，穿过并排的大理石石柱，就进入了馆内。博物馆是一本中国革命的巨著，是一部无声流动的电影。在这里展出的有关立夏节烽火、六霍起义、抗日救亡运动、刘邓大军千里挺进大别山的一幅幅图片、一件件实物，无不诉说着战士们曾经的英勇和壮烈。波澜壮阔的三十年，烽火连天的三十年，无数的革命业绩熠熠闪光，永垂不朽。

1993年，陵园内又建成了一座革命英烈纪念堂，位于烈士塔北面。金寨籍老红军、全军唯一两次被授予上将军衔的洪学智将军，为纪念堂题名。这座纪念堂呈八角形，酷似红军八角帽，设计别具匠心，寓意红军的精神永放光芒。步入纪念堂背后的山坡，连绵起伏的山岗上，建有百余座将军陵墓，安葬着林维先、滕海清、詹化雨、陈祥等已故将军和老红军的遗体和骨灰。这里山林静谧，树木葱茏，一年四季有野花盛开。远处，新时代的金寨，鳞次栉比的楼房，现代化的工厂和园林，参差可见。

一寸山河一寸血，一抔热土一抔魂。红色的陵园，红色的金寨，在烈士陵园里，仿佛可以听得到红军的呐喊，看得见红旗的招展，闻得见映山红的芬芳。

78 濉溪临涣镇文昌宫：决胜淮海战役

濉溪临涣镇文昌宫档案：

文昌宫位于濉溪县临涣镇境内。临涣镇是中国民间文化艺术之乡、安徽省历史文化名镇。1948 年 11 月，由刘伯承、陈毅、邓小平、粟裕、谭震林 5 人组成淮海战役总前委，指挥部驻地曾一度设在文昌宫。

濉溪临涣镇称得上是皖北的一幅风俗画卷。这里保留着各种原生态的生活情景，这里还有丰富的红色文化遗存。在革命战争年代，无数的皖北儿女为了革命四处奔走，奉献着自己的青春与才华。

临涣镇文昌宫曾在历史上写下了辉煌的一页。淮海战役开始前，这里是中原野战军司令部驻地。

据史书记载，临涣镇文昌宫始建于唐代，原名尚书宫，又名藏书宫，是一

文昌宫

组略带徽派风格的建筑。灰墙灰檐，红方格窗棂。可以想象，昔日的文昌宫何等书香浓郁！

武则天继位后，全国各地将尚书官改为昌帝庙，临涣镇文昌宫也就随之改称临涣昌帝庙。宋朝末年，又改了回来。在历史的风雨中，它不断被改建。原建筑由多重主房、庭院、耳房组合铺展，面积较为宽广。现存的文昌宫青砖灰瓦，坡顶结构，古朴典雅，分南北中三进庭院，充分体现了中国传统园林建筑的小巧玲珑。

1948年，中央军委电令成立由刘伯承、陈毅、邓小平、粟裕、谭震林5人组成的总前委，指挥淮海战役。总前委一度设在临涣文昌宫。

文昌宫藏书阁东侧的堂屋，是邓小平当时的工作室兼卧室。一张木床、一张桌子、一把椅子、一只马灯茶壶，简简单单。一床被褥上有5个洞，见证了当年烽烟岁月的艰辛与危险——它是在鲁西南战役时，我军驻地丁官屯遭敌机扫射留下的，幸亏当时邓小平撤离得快，才没有受伤。

北院为总前委指挥部会议室、秘书处及首长住处，东跨院为伙房和后勤处，南院是参谋处、作战处、机要处、通讯处旧址。当年在这里开会时，总前委委员们呈扇形坐在方形的会议桌前，会议桌是由两张方桌拼在一起构成的。

文昌宫现设淮海战役总前委旧址纪念馆，其占地面积五千多平方米，馆内开设总前委旧址原状陈列、史料陈列、实物陈列等三大部分，馆藏革命文物两百多件。

濉溪县韩村镇淮海村的小李家庄也曾是淮海战役总前委驻址，现为安徽省红色旅游线路上的一个点、安徽省青少年爱国主义教育基地。

在淮海战役中，双堆集地区歼灭战处于这个战役的第二阶段，在这场战役中，许多优秀儿女，为中国人民的解放事业献出了宝贵的生命，立下了不朽的功勋。在濉溪县双堆集南面，有双堆集烈士陵园，是全国第二批爱国主义教育示范基地。其中有张爱萍将军题写馆名的纪念馆，具有民族特色的屋檐上覆盖着金黄色琉璃瓦，外墙黄色，馆内陈列着众多珍贵历史照片，形象地再现了淮海战役全貌。

79 临泉县千里跃进大别山纪念馆：摧枯拉朽　波澜壮阔

临泉县千里跃进大别山纪念馆档案：

临泉县千里跃进大别山纪念馆位于韦寨镇吴营村，展厅共1000平方米。馆内充分运用声、光、电科技，通过塑造的各类景观，还原指挥、激战场面，形象逼真地再现了刘邓大军挺进大别山驻扎临泉期间的光辉历程。

1947年6月，人民解放军由战略防御转入战略进攻，但陕北方面军转战压力大，刘邓接到毛泽东密电，决定在半个月之内行动，挺进大别山，将敌军吸引到中原腹地。

刘邓大军千里跃进大别山，在临泉县胜利会合后将淮西指挥部设在韦寨镇吴营村，在临泉县境内活动达88天。驻留期间，刘邓大军万千将士与当地群众结下了鱼水深情，不仅留下了一段段流传至今的感人故事，也留下了严于律己、清廉如水、密切联系群众的良好工作作风。

临泉县千里跃进大别山纪念馆以大量翔实的史料和图片展现了当年刘邓大军“气吞万里猛如虎，千里挺进大别山”的光辉历程，同时也展现了临泉县人民为了新中国诞生而忘我奉献、可歌可泣的壮举。在纪念馆里，游人看着当年简陋的武器装备、仿真的战场情景，聆听解说员详细介绍临泉百姓为子弟兵纳布鞋、捐粮捐物及救治伤员的感人事迹，在感受到浓浓的军民鱼水情的同时，无不为革命先烈们艰苦卓绝的战斗历程和英勇无畏的奋斗精神所动容。

刘邓大军挺进金寨后，前线指挥部设在沙河乡下楼房周宅。当时房子主人叫周时南，祖上是盐商，周宅始建于乾隆三十年（1765），坐东朝西。

当年，正屋的第五栋左边三间就是邓小平、李先念、李达的住处和办公室，右边三间为鄂豫皖区党委会议室。后八间厢房为邓小平、李先念的厨房、马棚、厕所，前八间为警卫团住所。

为再现光辉历史，进一步挖掘红色文化，使之与天堂寨绿色资源相呼应，2008年，有关部门决定在天堂寨易地重建刘邓大军千里跃进大别山前方指挥部。项目的选址在与旧址地理环境相似的景区大门处，与建成的大别山国家地质公园博物馆相呼应。

80 肥东瑶岗渡江战役总前委旧址：运筹帷幄 决胜千里

瑶岗渡江战役总前委旧址纪念馆

肥东瑶岗渡江战役总前委旧址档案：

瑶岗渡江战役总前委旧址纪念馆位于肥东县撮镇镇。1949 年，以邓小平为书记的渡江战役总前委在此运筹帷幄，指挥了著名的渡江战役。

1949年4月20日，国民党政府拒绝在《国内和平协定（最后修正案）》上签字。20日晚和21日，人民解放军第二、三野战军先后发起渡江战役。中国人民解放军在炮兵、工兵的支持和掩护下，在西起湖口、东至靖江的千里战线上强渡长江，先后占领贵池、铜陵、芜湖、常州、无锡、镇江等地，彻底摧毁了国民党军队的长江防线。这就是中国革命史上赫赫有名的渡江战役。

瑶岗，位于合肥东郊肥东县撮镇镇，本是一个普通的村落。1949年，历史赋予了它新的使命。这年的2月11日，渡江战役总前委在商丘张菜园村成立。渡江战役总前委由刘伯承、陈毅、邓小平、粟裕、谭震林五人组成，邓小平为总前委书记。经过慎重考虑和反复比较，总前委接受了时任皖北区党委书记曾希圣的建议，华东局机关先行进驻瑶岗，随后，邓小平和陈毅率总前委机关进驻瑶岗。在这里，邓小平亲自撰写了《京沪杭战役实施纲要》。4月20日下午6时人民解放军开始渡江，4月23日解放南京。四天后，总前委、华东局、华东军区离开瑶岗前往南京。

来到瑶岗，首先看到的便是“渡江战役总前委旧址纪念馆”几个苍劲有力的大字，其为当年曾亲临瑶岗的渡江战役指挥者之一、著名书法家舒同题写。

渡江战役总前委旧址纪念馆共分九个部分：总前委旧址、中共中央华东局旧址、总前委参谋处旧址、机要处旧址、秘书处旧址、后勤处旧址、警卫营旧址、医院旧址和“渡江颂”书画展厅。

总前委旧址均为清末徽派建筑，原是清末五品顶戴中书科中书衔太学生王景贤的宅第，有三进四厢两座四合院。房内屏门格扇，雕梁画栋，显得古朴典雅。

一进正屋东房为陈毅卧室；西边一间是时任华东局常委、宣传部部长、军区政治部主任舒同的卧室；最西边一间是刘伯承的卧室；两侧厢房是警卫人员的居室。二进正厅是总前委会议室。

北侧正中的展橱里展出的是渡江战役前夕，邓小平主持召开的一次总前委、华东局联席扩大会议中，领导人部署渡江作战

总前委会议室

任务和决定接管江南新区等文字材料。

总前委书记邓小平的卧室在二进的东间，室内按原状陈列着架子床和一套西式办公桌，还有邓小平当年用过的一盏煤油灯。

目前旧址拥有实物、图片（表）700余件。总前委旧址内，设有名为“渡江颂”的书画展厅。在“将帅题词厅”可以看到陈毅、徐向前、聂荣臻、粟裕、刘华清、李德生、张震、迟浩田等38位将帅的真迹。

为了纪念渡江战役这一伟大历史事件，合肥滨湖建有渡江战役纪念馆，其面向800平方千米的浩瀚巢湖，占地22万平方米，外形酷似一艘乘风破浪的巨型战舰。全馆主要由水底厅、军功厅、军史厅、主展厅、渡江展厅、胜利展厅、体验厅、多功能厅等组成。纪念馆通过一条长达500多米的纪念性轴线，展开气势磅礴的叙事主题，全面展示了闻名中外的渡江战役全貌。

纪念馆由南向北依次为五角星胜利塔、总前委群像、纪念馆主体建筑。

如果从空中俯瞰胜利塔，你会发现它的整体呈五角星的形状。巢湖水烟波浩渺，胜利塔高高矗立，仿佛巨型战舰的桅杆，迎风独立，伟岸高拔。另一端的纪念馆则如两艘雄伟的战舰，并排行驶，直指长江。胜利塔与纪念馆交相辉映，象征着军民万众一心、不畏长江天险的万丈豪情。

在两者之间，是一座群雕，群雕以总前委成员为原型，塑造了刘伯承、陈毅、邓小平、粟裕、谭震林五位将领坚定伟岸的形象，表现出他们运筹帷幄、决胜千里、指挥百万雄师横渡长江天堑的雄才大略与宏伟气度。

纪念馆内陈列了1000余件珍贵的革命文物，静静的陈列柜，似乎永远无声，但让人仿佛看到了当年那浓烈的炮火，看到无数革命先烈前赴后继的身影。

馆内运用现代先进模拟技术再现了革命战争场景，并用震撼的幻影成像、蓝幕抠像技术，超写真的4D电影，追忆了波澜壮阔的革命历程，让我们重温了艰苦卓绝的峥嵘岁月，撞击着每一位游览者的心灵。

紧挨着纪念馆是新建的安徽名人馆，馆内展出了95组安徽历史名人，人物全部为仿真蜡像，形象逼真。

81 萧县蔡洼红色景区：吹响胜利的号角

萧县蔡洼红色景区档案：

蔡洼位于萧县，是淮海战役总前委会议暨华东野战军指挥部旧址。蔡洼红色旅游景区现为全国红色旅游经典景区、国家AAA级旅游景区、全国重点文物保护单位。

蔡洼红色旅游景区位于萧县丁里镇蔡洼村，核心景点为淮海战役总前委会议旧址、华东野战军指挥部旧址，外围包括郭庄村、纵瓦房村、石碑座、常庄、宫庄。

杨家台子又名杨家院子，为清末古建筑群落。其建筑面积900平方米，主体建筑原为三排三进九个小院组成，共59间房屋，现东侧为三进院，中间和西侧皆为二进院。

1948年，淮海战役即将打响，由刘伯承、陈毅、邓小平、粟裕、谭震林等五人组成的统一领导机构成立，几位领导人一同到粟裕指挥部的驻地——萧县的蔡洼村，商讨成立淮海战役总前委的事宜。

这一年的12月16日，华东野战军代司令员、代政委粟裕进驻蔡洼杨家台子，在这里设立指挥部，率领其下野战军在此后的近一个月时间里一直驻守在蔡洼。

第二天，刘伯承、陈毅、邓小平、粟裕、谭震林五人齐聚蔡洼，由邓小平主持召开了总前委第一次全体会议，也是唯一一次全体会议。会议总结了前两阶段取得胜利的经验，制订了第三阶段部队休整和围歼国民党杜聿明集团的作战方

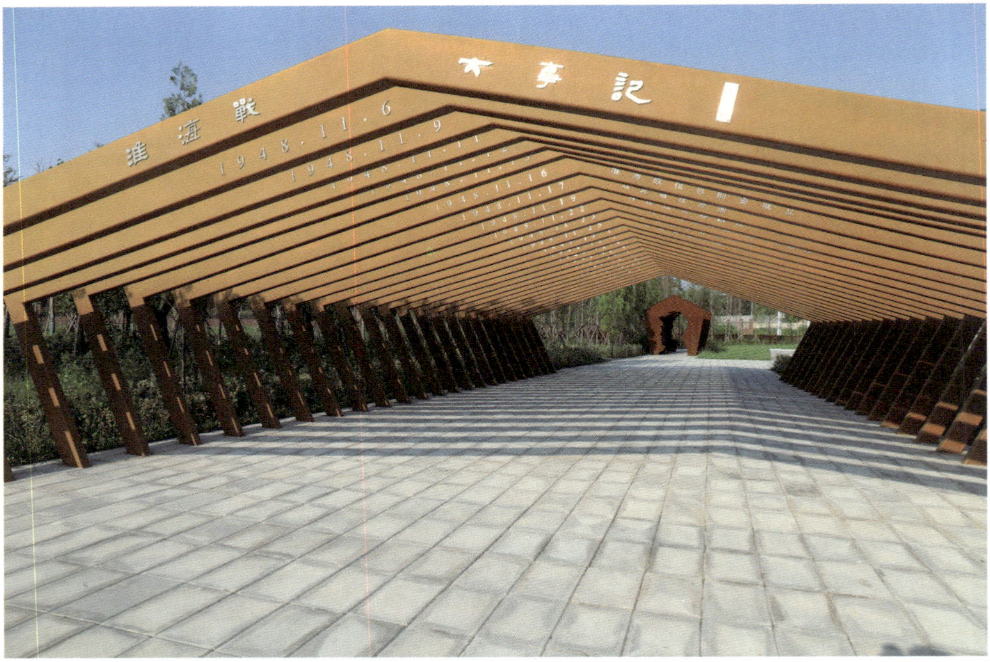

案，研究了淮海战役结束后部队建设和渡江战役的作战计划方案。五位总前委领导在蔡洼杨家台子留下了一张具有历史意义的合影。

会议结束后，刘伯承、陈毅直接从蔡洼去了西柏坡向中央汇报，谭震林回山东兵团，邓小平返回濉溪县小李家村，粟裕继续留在蔡洼指挥陈官庄地区的围歼战。1949年1月10日，淮海战役取得胜利，为人民解放军打过长江去，解放全中国扫清了障碍。

82 安徽第一面党旗纪念园：火炬最早点燃的地方

安徽第一面党旗纪念园档案：

中共安徽第一面党旗纪念园位于寿县小甸镇境内，它集教育、求知、休闲为一体，是安徽省廉政教育基地、红色旅游经典景区、爱国主义教育基地。

江淮大地是一块有着光荣历史的红色热土。寿县小甸镇，就是安徽境内党的火炬最早点燃、党的旗帜最早举起的地方。

小甸镇位于瓦埠湖东南岸，距县城约70千米，距省会合肥市约60千米。当年，这里是一个穷困落后的集镇。五四运动后，尤其是中国共产党成立之后，马列主义在寿县先进的青年知识分子中间传播开来。从1919年到1923年之间，在芜湖读书的薛卓汉、曹渊、王培吾、徐梦秋、曹广化、方运炽等十多名寿县学生组成了“爱社”，开始开展革命宣传活动，并同家乡的进步青年、知识分子联系。毕业后他们有的回到家乡，在学校里以小学教员身份为掩护进行革命活动；另一部分学生，如薛卓汉、曹蕴真、徐梦秋等转入上海大学读书，并加入党组织。

进入小甸镇境内，远远便可望见一处园林式的建筑出现在路旁，随之映入眼帘的是“安徽第一面党旗纪念园”石碑，背后是一座纪念碑高耸在苍松翠柏之间。纪念园主要景点有中共小甸集特支纪念馆、淮上中学补习社、党旗纪念广场、寿县革命烈士陵园、文化浮雕墙掩映在绿色之中。穿过广场，是两座古色古香的建筑——小甸集特支纪念馆和淮上中学补习社。其中，特支纪念馆为根据有关党史资料和旅游功能需要，恢复建立的一所四合院式建筑，面积400平方米，集中还原了建党初期寿县发生的重大历史事件，介绍了在这片热土上涌现的优秀党史人物的生平事迹。

走进特支纪念馆，呈现在眼前的是一尊石雕：革命先烈手拿大刀、木棒，奋勇向前，栩栩如生。1923年春，寿县籍青年徐梦周、曹蕴真、鲁平阶等在上海加入中国共产党后不久，奉命回乡成立中国社会主义青年团小甸集特别支部，临

中共安徽第一面党旗纪念园

时建立中国共产党小甸集小组。第二年冬，受党中央指示，曹蕴真、鲁平阶、徐梦周组建中共小甸集特支，其直属于党中央，是安徽最早的党组织，曹蕴真任特支书记。

小甸集特支建立后，党团组织发展很快，各地支部纷纷建立。经过积极的筹备，寿县小甸集曹小郢子还开办了淮上中学补习社，补习社距小甸集仅2余里，补习社招收了三四十名失学青年，向他们介绍国内外形势，传播革命思想，在当时影响很大。补习社里建立了党支部，胡允恭任书记，党支部直属党中央领导。

“星星之火，可以燎原。”“瓦埠暴动”发生后，诞生了一支工农红军。这支队伍由游击小组发展到游击师，转战于合肥、舒城、巢县、无为等地。抗日战争时期，成为新四军的重要武装力量。小甸集特支的成立推动了安徽党组织的发展。

小甸集这块红色沃土上涌现出了许多英烈，其中有一门三烈士——曹渊、曹云露、曹少修，还有在黄家坝战斗中牺牲的游击大队大队长曹鼎、在舒城春秋山战斗中牺牲的曹广海等。

每年的“清明”“七一”等重要节日，都有大批来自省内外的青少年、党员干部到纪念园开展“弘扬特支精神、缅怀革命先烈”活动。他们在烈士纪念碑前，重温入党誓词，缅怀先烈，讴歌党史。

主题园区

新的时代，新的空间。在安徽，总有一个主题园区，为您奉上一场视觉和精神盛宴！

这是一个个幸福乐园，也是一个个梦想家园。作为旅游新业态，近年来主题园区如雨后春笋般涌现在江淮大地，用独特方式演绎文化，用新兴科技传递快乐：芜湖方特旅游度假区，跻身世界著名主题公园行列；五千年文博园，将灿烂中华文明娓娓道来；宣纸文化园，让人在体验中了解宣纸的发展历程……

83 芜湖方特：欢乐世界　梦幻王国

芜湖方特档案：

芜湖方特主题乐园坐落于长江之滨——芜湖，是中国目前规模最大的第四代主题公园，国家AAAAA级旅游景区，分为欢乐世界、梦幻王国、水上乐园、东方神画四个园区，由太空世界、神秘河谷、维苏威火山、失落帝国、恐龙半岛等组成，包含主题项目、游乐项目、休闲及景观项目。

芜湖方特，一个童话般的王国。

自欢乐世界开园开始，芜湖方特就将“自主创新”放在了首要位置，力图以高科技手段全新演绎古老的中华文化。走进芜湖方特的第四座主题乐园——方特东方神画，游客可以了解中国历史故事，欣赏传统文化艺术，感受中华民俗风情，领略中华优秀传统文化的迷人魅力。中国有五千年灿烂悠久的历史文化，为园区的内容创作者提供了取之不尽的宝贵财富。芜湖方特作为中国最高水平的专业主题乐园代表，汲取了中国文化的优秀因子。

如果你体验一下方特欢乐世界的众多主题项目——星际航班、神秘河谷、维苏威火山、恐龙危机、海螺湾、儿童王国、聊斋，会发现一切都是新奇的。园内拥有目前世界最先进的大型恐龙复活灾难体验项目——“恐龙危机”，其为亚洲最精彩的灾难体验项目、当今国际顶级的大型4D Ride项目之一。该项目充分利用现场实景、立体电影、现场特技、动感平台等现代科技手段，运用巨幕、环幕4D电影，多自由度动感游览车等多项高科技游乐技术，将立体影像与由特种装饰和现场特技装置所形成的真实场景结合得浑然一体。

恐龙危机项目建筑总面积约4500平方米，空间结构主要由预演厅、排队区和游览区三部分组成。它带着我们一起去探索奥秘：在地球已经进入高度发达的年代，地球上某城市博物馆中保存的恐龙蛋经过放射物质照射以后，其内已经变成化石的恐龙被复活，它们破壳而出，纷纷逃离博物馆。经过放射物质照射后的恐龙以惊人的速度成长、繁衍，并大批地出现在城市的各个角落……游客乘坐游览车在一个恐龙横行、混乱无序的城市中穿行，经历一场由恐龙破坏进而毁灭城市的浩劫，体验惊险刺激的生死之旅。

鸟瞰梦幻王国

玩转方特水上乐园，“飓风湾”让你享受被浪花强力冲击时的无限惊喜；露天吧“爱琴湾”让你轻松感受海滨风情；千米休闲“懒人河”让你体验泛舟溪流的浪漫；“熊出没水寨”让你童心泛滥……不同的感官体验，让游客们时刻畅享游玩的乐趣。

最有吸引力的便是梦幻王国——一个“熊出没”的奇遇国度。乐园采用了高科技演绎特色主题，将动漫卡通、电影特技等国际时尚娱乐元素和中国传统文化符号精妙融合，创造出充满幻想和创意的神奇天地。这里有大型跟踪式魔幻MR Ride表演项目“魔法城堡”、超大型原创舞台剧《猴王》、大型原创魔幻秀“飞翔之歌”等。最让人开心的是，乐园的景观、游乐项目里大量融入热播动画《熊出没》的元素，设有“熊出没”暖心小屋、“熊出没礼品专营店”、“熊出没餐厅”等。“熊迷”们可以与“熊大”“熊二”“光头强”等卡通人物一起亲密互动，玩得不亦乐乎。

说起方特东方神画，这是一个让游客情有独钟的地方。它以中华五千年文化精髓和非遗文化为重点，利用科技手段，以不可思议的表现形式向人们展示了一幅饱含华夏五千年历史文明精粹的灿烂画卷。尤其是“千古蝶恋”中偌大的四面舞台，动人的音乐，情感充沛的真人表演再加上逼真的全息影像技术，画面超级唯美！看着表演，人们仿佛进入了梁山伯和祝英台的世界，相爱时的欢乐，被阻拦时的焦虑，阴阳两隔时的痛苦，最后化蝶时的浪漫缠绵，都是那么的真切！

穿越亦真亦幻的时空隧道，游客如何不沉醉其中呢？

芜湖方特再造旅游新亮点

合肥融创乐园

84 合肥融创乐园：炫丽演绎安徽故事

合肥融创乐园档案：

合肥融创乐园，原名万达乐园，位于滨湖新区。项目占地约2500亩，包含大型徽文化主题乐园、室内恒温水世界、高科技电影世界三大板块，“水陆空”欢乐全覆盖，是合肥市首批研学旅行基地之一。

合肥融创乐园是全球首座且唯一一座大型徽文化主题乐园，园区完美吸纳徽派优秀文化精髓，分为六大主题区域，拥有世界最高最快立环过山车“白龙飞天”等33台世界级游乐设备与“淝水之战”“大湖秀”等四大经典演艺节目。在这里，可以感受文化与科技相碰撞的魅力。

“徽州古韵”主题区融合了徽风皖韵，这条大街上有村落、祠堂、牌坊、戏台，并有徽茶、铁画和石雕等传统商铺，置身其中，仿佛穿越到数百年前，“梦回徽州”在这里得到了完美呈现。

白龙飞天

这里有难忘的巢州古城，充满原始森林风味的巢州古城区有世界最高最快的立环过山车——白龙飞天，还有中国第一台断轨式过山车“龙虎争霸”，在运行中两套列车会同时被提升至轨道顶点，通过独特的断轨翻转技术实现同时翻转，以大于70千米/时的速度一起俯冲，那情景太刺激，太难忘了！

淝水之战是历史上著名的以少胜多的战役，古战场的硝烟已无法寻觅，融创乐园将这个古老的故事搬到了今天。“淝水剧场”以真实历史为背景，配以现代化的声光电等高科技表现手法，给你带来一场荡气回肠、规模宏大的视听盛宴。

“庄生晓梦迷蝴蝶，望帝春心托杜鹃”，“梦蝶仙境”以浪漫的“庄周梦蝶”的故事为背景，打造了一个梦幻的植物世界，融合了自然、梦幻元素，色彩绚丽，充满童趣，给人们带来了无限惊喜与快乐。

“梨园春秋”是以戏剧为主题的嘉年华。安徽的黄梅戏唱响唱遍了全国，岂能错过？在这里，有华东最高的56米筋斗云霄，豪华双层旋转木马，国内最大、转速最快的转转杯等艺术与娱乐相结合的游乐设施，简直是历史文化与梦幻世界的完美融合，让人开心无限。

合肥融创水世界很受游客喜爱。这里有华东大型第四代室内恒温水乐园，独具夏威夷风情，拥有世界室内最高、最长水磁过山车等13个世界级大型水上游乐设备与大型休闲亲水广场，四季嬉水无时限。20万平方米的人工湖，采用生物环保技术处理水体，水质终日清澈，游客在此可以尽情感受水世界带来的清凉与快乐。“大湖秀”将喷泉与声光电和水上表演相结合，打造出了如梦似幻的震撼效果。在茶山飞渠项目中，你可以瞬间冲刺至近30米的高空，再以高达80千米/时的时速冲入冲浪池，霎时大浪冲天、水花四溅，惊心动魄又酣畅淋漓。

在这里还可以走入高科技电影世界，全数码仿真实景飞行影院《飞越安徽》，360度球幕环绕，带你8分钟遨游壮美安徽。

85 五千年文博园：根雕天地　一梦千年

五千年文博园档案：

五千年文博园位于太湖县境内，规划占地4000亩，由“一梦千年”“十里画廊”“百年风云”“千秋马帮”“万代同根”五大园区组成，为国家AAAA级旅游景区。

去过五千年文博园的人就会忘不了它，这个又称“中华文化主题公园”的地方，是以创建“中华民族的精神家园”为目标，精心打造的一座艺术殿堂，这里人文气息浓厚，弘扬和传承了中华五千年经典文化。

诗意正浓的“一梦千年”景区，将古典徽派建筑与苏州园林风格相结合，到处都呈现出一种古朴之美。园内建有五千年文化长廊、根雕文化园、中华百工坊、文化古栈道、四大名著文化园、中华孝道园、华夏爱情文化园等上百座人文景点及非遗艺术馆群。在这里，游客阅读到了浓缩的华夏五千年文化经典。一步一景，让游客有穿越时空一梦千年之感，流连忘返。

“十里画廊”则如画似梦。它将华夏数千年的往事融入到总长两千米的四幅立体图画之中，分别由“三百六十行”文化园、“清明上河图”文化园、“烟雨江南”文化园和“创意石界”文化园等景点组成。走进“清明上河图”文化园，你会被建于25度斜坡之上的盛景所惊叹！景点按实际比例，以近大远小的透视技

术完整地再现张择端笔下的汴梁繁华，宛如“画中画”，近看是城，远看是画。“烟雨江南”文化园是以具有1700年历史的观音河为基础，将我国江南水乡的十二大名景全部重建在此——小桥流水、乘船摆渡、渔歌互答……“创意石界”文化园由一园四馆组成，分别是创意奇石园、远古沧桑馆、自然天成馆、大象无形馆和天人合一馆。它赋予了无言的奇石世界以生命与情感。

吸人眼球的“百年风云”，则展现了中国近代史上二十四个真实场景，如中英《南京条约》的签订、火烧圆明园、甲午中日战争、武昌起义、南京大屠杀、百团大战、日本投降等，让人铭记历史。

文化气息浓厚的“千秋马帮”，艺术地呈现并传承了数千年的茶马古道文明，将商业文化、民族文化、宗教文化和社会文化巧妙地结合。充满了挑战、冒险与顽强精神的茶马古道也是一条彰显中华古文明之路。

在这里还可以欣赏到许多艺术形式。孝道文化、手工百业都有呈现。最具震撼力的“万代同根”是压轴景区。那近二十万平方米的土楼艺术馆群为中国最大的根雕艺术展馆，收藏有五万多件根雕作品，作品选材名贵，大部分是由荔枝木、鸡翅木、金丝楠木、红豆杉、樞木等稀罕名贵材质雕塑而成，场面宏大，具有极强的艺术感染力。馆内五吨以上的巨型根雕就有一千多件，并有多项获得世界吉尼斯之最。

被誉为“中华一绝”的烙画艺术馆，又名“烙画上的中国”，位于五千年根雕艺术馆二楼。展馆内的烙画由百名烙画师历时十几年纯手工烙制而成，包含了安徽名人、敦煌飞天、伟人毛泽东、五千年乡土文化艺术等多个系列题材，置身其间，令人流连忘返。

86 宣纸文化园：寻梦宣纸的前世今生

宣纸文化园档案：

中国宣纸文化园坐落于皖南泾县乌溪境内，是集宣纸技艺展示、文化旅游、休闲观光于一体的综合性文化旅游园区，是国家AAAA级旅游景区、全国研学旅游示范基地、国家文化产业示范基地。

坐落于泾县乌溪境内的中国宣纸文化园，景色优美，集宣纸历史、宣纸技艺、宣纸与书画艺术、历代宣纸产品展陈等于一体，是全国首个系统性综合宣纸博物馆，建筑面积约一万平方米。在中国宣纸文化园逛一圈，可亲身体验宣纸的制作流程，感受文化的传承。

从某种意义上来说，泾县和宣纸是两个相近的充满文化意味的词语。泾县地处皖南山区北部，黄山余脉绵亘县境东南，九华山支脉逶迤西北，青弋江自西南向东北流经县境，造就了泾县山清水秀之境。这里自古文风昌盛，留有李白、杜牧、王安石、文天祥等人的遗踪，拥有查济古民居、黄田古民居等人文景观。唐代大诗人李白在此留下了许多脍炙人口的诗篇。他在《泾川送族弟錞》一诗中写道："泾川三百里，若耶羞见之。锦石照碧山，两边白鹭鸶……"桃花潭更是见证了汪伦李白的深情厚谊。

宣纸与笔、墨、砚并称为文房四宝。文房四宝中，宣笔、宣纸深受文人青睐。据韩愈《毛颖传》记载，公元前223年，秦国名将蒙恬南下伐楚，途经中山（今宣城市一带），见山中兔肥毫长，又盛产竹子，便命人逮兔取毫，以竹为管制笔，当时叫"蒙恬笔"，亦称"秦笔"。隋朝开皇九年（589），宛陵改称宣州，秦笔改称宣笔。

宣笔以选毫精良、制作精密而著称。宣笔经过选料、脱脂、水盆、修毛、装套、刻字等六大工序、一百多道操作流程而精心加工制成，有"装模雅致、毛纯耐用、刚柔适中、尖圆齐健"之美誉。

青山环抱的宣纸文化园

泾县是宣纸的原产地和保护区，因其独特的地理环境、优越的水源条件和独树一帜的传统工艺，使得宣纸制作自唐代以来，历代相沿，经久不衰。泾县不仅有中国规模最大的宣纸生产企业——中国宣纸集团公司，还有众多宣纸生产作坊。

想了解宣纸的前世今生，就要到中国宣纸文化园走一遭。整个园区充分提炼并融入了宣纸和皖南民居造型元素，实现了传统与现代的完美结合，它包括中国宣纸博物馆、“三丈三”巨宣制作车间、宣纸技艺体验园、星晖阁等部分，旨在发掘宣纸文化内涵，传承宣纸制作技艺，是探秘人类非遗、感受传统文化魅力的理想之地。

宣纸生产是一个世代相传的工艺，很多技法都靠的是心领神会，而不是用文字和语言表达。整个生产过程需要多道工序，每道工序都是纯手工操作，每个环节都影响着纸张的质量，身临其境观看工人造纸流程，选材、制浆、配

宣纸文化园内制作的大幅宣纸

料、制纸等全套工序犹如一套完整的礼仪，规范、流畅，给人以美感。“碓皮、切皮、踏料、袋料、制浆、捞纸、扳榨、晒纸、切纸……”就这样，质地绵韧、光洁如玉、不蛀不腐、墨韵万变的“国宝”宣纸在富有韵味的工艺流程中浑然天成。

一张宣纸可以保存1000多年，是绢帛寿命的两倍，故有“纸寿千年”“纸中之王”的美称。用宣纸题字作画，墨韵清晰，层次分明，骨气兼蓄，气势溢秀，浓而不浑，淡而不灰。

中国宣纸博物馆共有三层：一楼为宣纸历史与技艺展示区；二楼为馆藏宣纸与书画精品展示区，珍藏了国宝级的老宣纸和字画；三楼为书画展厅，这里长期展出名家书画作品。

院子里的宣纸技艺体验园，是一条完全恢复19世纪60年代传统工艺生产宣纸的特殊生产线，将宣纸生产与旅游体验相结合。在这里，人们可以体验宣纸从制浆到成纸的全部传统工艺流程。来了兴致，可与工人一起，剪切纸料，还可以在捞纸体验间打捞纸浆，去印刷体验间体验宣纸印刷和拓印技艺，其乐无穷。

普通尺寸的宣纸很多人都见过，在宣纸文化园，“三丈三”超级宣纸让人叹为观止。该纸是向宣纸抄制极限发起挑战的项目，也是迄今为止世界上最大的手工宣纸，2016年“三丈三”巨宣成功创造了吉尼斯世界纪录。它长11米，宽3.3米，需44个人同时捞制。制作时，数十人配合默契，统一操作，场面壮观，一张成功的“三丈三”背后凝结的是中国手工艺人的传承与创新，大国工匠精神在这张纸上彰显无疑，中国传统文化的魅力也可在这张纸上窥见一斑。

87 杏花村文化园：千古诗意　田园水韵

杏花村文化园档案：

杏花村文化园位于池州主城区西南部，“杏花村”因晚唐诗人杜牧作的《清明》诗而名扬天下。杏花村文化园总规划面积约35平方千米，呈现出水韵杏花村的田园风光。

“清明时节雨纷纷，路上行人欲断魂。借问酒家何处有？牧童遥指杏花村。” 这是晚唐著名诗人杜牧的诗句，千古流传，也让杏花村千古流芳。杏花村文化园则将杜牧的诗文描述变成了现实。

唐会昌年间，杜牧出任池州刺史期间，写下了《清明》一诗。此后村以诗名，诗以村传，相得益彰。据记载，杏花村建村于645年，距今已有1300多年历史，是全国唯一以村建志入选《四库全书》的村落。可以说，它是池州最具特色的历史文化名村、享誉中外的重要历史文化遗产和旅游文化品牌。

可惜的是，在明清以后古杏花村只留下了一片废墟，让人感叹。打捞历史中沉淀的文化讯息，杏花村文化园孕育而生。它以杏花村旧址为基础，着力营造“十里烟村一色红，村花村酒两共幽”的田园胜境。

诗意杏花村文化园

杏花村

杏花村文化园突出“一路二水三区”特色。一路，指318国道旅游休闲产业发展带；二水，指秋浦河原生态湿地休闲带、十里杏花溪田园游憩带，构筑“水环村绕”的江南田溪格局；三区，指打造唐风乡韵体验区、唐风田园观光区、唐风山水度假区。

杏花村文化园的大门是一座牌坊，给人古朴典雅之感，其“杏花村”三字出自著名书法家启功之手。

步入大门后，走进黄公酒院，可以欣赏到原汁原味的黄公垆酒的制作过程。相传，唐朝会昌年间，有个叫黄广润的人在杏花村开设酒店，取店内井水酿酒，此酒色清透明，醇厚可口，受人喜爱，从而生意兴隆。这里有古色古香、形式古朴的茶座，品酒、饮茶，别有滋味。

走进怀杜轩，就走近了大诗人杜牧。这里整体布局展示了杜牧的一生际遇。整个园区将湖山交融、幽静乡野的基底气质与唐代皇室贵族休闲方式结合，让人既能感受唐朝风韵，又可以领略到江南风情、市井风味、农耕风俗。

“一河秋浦水、十里杏花村、百家香酒肆、千载诗人地”，这是杏花村文化园要呈献给游人的文化感受。小桥流水，烟雨蒙蒙，游赏杏花村美景，了解一段历史文化的前世与今生；聆听文人墨客故事，了解一个诗意王国的追求与雅致。

88 桐城活海世界：童话王国 “激情水吧”

桐城活海世界档案：

中国·活海欢乐水世界，位于桐城，是华东地区规模最大的水上游乐园、亚洲首家魔幻水乐园。游乐区域包括激情水迪吧、疯狂活海、疯狂滑梯区、活海探秘区等，为国家AAAA级旅游景区。

每个人心中都有一个童话王国，中国·活海欢乐水世界就是这样一个童话王国，也是独具魅力的魔幻水乐园。它引入八大世界级游乐设施，博得了游客们的青睐。

激情水迪吧是儿童的戏水乐园，有儿童水寨、喷水飞鱼螃蟹、喷水小丑怪、喷水鲸鱼、喷水蜗牛、雨蘑菇、青蛙滑梯、鳄鱼滑梯等20多种适合小朋友嬉戏的大、小型水上游乐设施，造型生动可爱。孩子们如同与可爱的海洋动物一起嬉水玩乐，仿佛置身于童话般的水世界中，快乐无限。

迷人的活海冲浪也让人流连忘返。造浪池总面积12000平方米，可提供8种造浪模式，浪潮可达3米，可以让游客体验到激情澎湃的海上冲浪，更能让游客享受到魔幻的、浪漫的亲身体验，不亦快哉！

疯狂活海吧，它以古桐国文化为剧情设计源头，塑造出冰山压住诺亚方舟的造型，再现“魔力岛”的魔幻场景，营造远古时代与未来时代相结合的神秘情境，使人产生无限的想象力。

令人满心期待的是活海探秘，那是一条惊险的魔幻漂流河，全长300多米。为了提升漂流游乐项目的整体品质，给游客带来更加梦幻的体验，整个漂流隧道采用了声光电技术，塑造出海底怪兽、水怪等魔幻形象，成为具有互动性、闯关式的漂流秘境。漂流者通过隧道时可看到各种海底特效景观和卡通造型，不仅体验到了漂流本身的精彩，还可以满怀期待地去寻找神秘的海底魔幻世界，美妙至极！

有趣的滑梯区是由冲天回旋、巨兽碗滑道、合家欢滑梯、六彩竞速滑道、高速滑梯、皮筏滑梯、螺旋滑梯等多种不同的滑道组成，滑道总长度超过300米。冲天回旋是让游客由高达15米的高空乘双人筏以8米/秒的速度急速下滑，在滑梯喷水器的推动下，旋转地冲向对面几近直立的滑板，滑到接近顶端时回落，令其兴奋不已！

六彩竞速滑道完全相同但各自独立，六位游人每人可各自选一条滑道，从15米高的塔端进入，开始疾驰竞赛。游人趴在飞毯似的滑板上，经历三段跌宕的下滑历程，在完全密封的水槽完成一个完整回环，进入到开放式的直道俯冲区域，加速俯冲到水池里，尽享风驰电掣的竞赛快感。

华东唯一极速冲刺滑道是近乎垂直的炫酷滑道，它的坡度极陡，游客几乎是一瞬间从19米高处自由下落到水中，他们可以在大声呐喊中释放无限激情，尽情感受高空失重的极限快感，寻求生命的乐趣。

精彩的螺旋滑道是由一座全封闭的和一座敞开的旋转滑梯共同组成的旋转封闭滑道，螺旋滑道沿着高高的平台，蜿蜒而立，旋转滑梯盘旋层叠，复杂交错。游客乘坐特别设计的双人浮圈，通过螺旋状管道，一路上旋转加速，充分感受离心力后，再经过曲形管道冲入下面的水池。

别样的水上精彩，不同的童话故事，不一样的生命体验。

欢乐的桐城仙龙湖活海

89 中华古民居博览园：老宅子的新家园

中华古民居博览园档案：

蚌埠中华古民居博览园位于龙子湖畔，以古民居建筑群为核心，配套有古民居博物馆、佛雕艺术馆、影视拍摄基地、文化娱乐中心等，为较大规模的文化旅游区。

"此夜曲中闻折柳，何人不起故园情。"唐代诗人李白的《春夜洛城闻笛》写出了多少人的乡愁。

引发乡愁的一定是故乡，是故乡的老建筑。在城市建设过程中，伴随各地的马路开发、水路开发、市政开发等，不少老房子被拆掉，老树被挖走。有人在拆，也有人在收藏。在蚌埠中华古民居博览园，许多被抢救回来的老房子、老树焕发出了新生命。

这里的每一栋老房子都有它的历史文化遗存，我们血液里的传统文化基因也一定可以从那些围墙、古树、古家具中寻觅得到，那里有我们每一个人熟悉的乡愁。

古民居博览园也叫"湖上升明月·古民居博览园"，它是以风景区龙子湖原生态为依托，以旅游产业为主导，以450栋古民居为基础的文化旅游区。这些古民居分布在6个岛上，每个岛有一个主题，呈现出《清明上河图》的景象。

蚌埠古民居博览园项目占地近4000亩，闽南钞坑古村落、浙江宁波大宅门、江西临川古街坊等落户园区，各色建筑，各种风情，充分展现出古民居的文化内涵。博览园还有成龙收藏的徽派古民居，其位于"成龙岛"上。

古民居博览园内有龙脊古塔。这塔原来位于中国西北地区，被拆除后流落于晋南。该塔始建于明代，清末重修，因为它原来建于少数民族地区，所以在主要采用汉民族木构建筑的营造手法和建筑风格的基础上，同时融入了西北地区少数民族的文化元素。原塔五层，斗拱起檐，檐角飞翘，雕花彩绘装点，十分精美。复建后，古塔新姿，巍然屹立于古民居博览园龙脊山巅，东眺龙湖，西屏芦山，北依蚌埠新城。

蚌埠当地的古建筑也在这里被“复活”。倪公祠就是这样的建筑。“倪公”是指倪嗣冲，他是北洋政府时期的一个重要历史人物，曾任安徽督军，驻蚌督皖八年。唐家花园原名“逸园”，原来位于蚌埠二马路东北，以苏州园林风格为主，稍加北方园林风格修饰，曾是皖北一处著名的园林。在古民居博览园，它又重现了风采。

每一栋老房子都有它的历史文化遗存，每一处建筑背后都有与其相关的人文故事。特殊的历史节点，汇在一起，成为“风情老街”。岛上街巷错落，小桥流水，画舫穿行。而海上“丝绸之路”起点——闽南古村落“红厝圣迹”，也立在这里，见证两岸同胞的悲欢离合、血脉相依。

这些原本散落各地、濒临毁灭，从推土机下被抢救下来的古民居，在龙子湖畔焕发新的生命，成为游客走进古民居、寻梦和追忆乡愁的美丽家园。

“湖上升明月”（古民居博览园主湖心岛上近200栋古民居全部“亮相”，规模显现）

江淮风物

锦峰秀壑、河网湖汊给了安徽得天独厚的自然条件，也赋予了江淮大地丰饶的风物特产。

作为一种地域文化的载体，名优物产既是地域的符号，也是文化标签：风味鳜鱼，顺新安江一叶舟筏，风味席卷大江南北；一品锅，本是家常待客之食，却成为走向世界的徽菜标榜之作；下塘烧饼，酥软之间还藏着一段历史佳话……

商品为用，文化为魂。徽茶徽酒、佳肴美食、柳编剪纸，是时代精神记忆，是民族文化缩影。

90 名茶：清香袅袅沁心脾

名茶档案：

皖南、皖西一带，树木葱茏，万山叠翠，盛产茶叶。祁门红茶、太平猴魁、黄山毛峰、六安瓜片、霍山黄芽，各有特色，清香醉人。

茶自有茶的雅致。茶的雅致就在于它能给人清静的心境，能给人回归大自然的感觉。

茶，作为一种特殊的饮品，上可追溯到三皇五帝时代。神农以茶解毒的故事广为流传，黄帝则姓姬名荼，荼即古茶字。以至唐陆羽《茶经》云：“茶者，发乎神农氏，起于鲁周公。”

地处江淮分水岭的安徽，气候温和，茶产业发展也由来已久。叱咤中国数百年的徽商，其经营的一项重要内容就是茶业。以黄山毛峰、太平猴魁、祁门红茶及六安瓜片、霍山黄芽为代表的皖产茶也成为中国茶的一抹风景。

好山好水出好茶。新时期的安徽茶业，为创新发展理清思路，整合生产资源，开辟了众多徽茶经典旅游路线，打造了众多独具特色的品牌。

黄山毛峰

黄山毛峰

天下名山，必产灵草；江南地暖，故独宜茶。黄山毛峰叶子采自黄山高峰，所以取名为“黄山毛峰”，被列为中国十大名茶之一。

黄山，风光秀美，造物神奇，饮誉中外，素有“天下第一奇山”之称。在这里，有奇松、怪石、云海和温泉。由于山高，土质好，温暖湿润，“晴时早晚遍地雾，阴雨成天满山云”，云雾缥缈，很适合茶树生长，因此这里产茶历史悠久。据史料记载，黄山茶在400余年前就相当著名。《黄山志》称“莲花庵旁就石隙养茶，多清香冷韵……谓之黄山云雾茶”，传说这就是黄山毛峰的前身。

孕育于此的茶，自然为好。黄山毛峰茶叶外形微卷，状似雀舌，浓浓的绿色中透出淡淡的黄色，银毫显露，而且带有金黄色鱼叶，俗称黄金片。

轻泡一杯，醇和高雅，清香高远。黄山毛峰初名黄山云雾茶，创制于清朝光绪年间，由谢裕大茶庄所创制。据传，谢裕大茶庄创始人谢正安，以茶为业，种、采、制皆很精通，他精心制作的黄山毛峰品质最优。《黄山志》中记载：“云雾茶，山僧就石隙微土间养之，微香冷韵，远胜匡庐。”毛峰乃是每年清明谷雨，选摘良种茶树“黄山种”“黄山大叶种”等的初展肥壮嫩芽，手工炒制而成。特级毛峰主要产于海拔700米左右的桃花峰、紫云峰、松谷庵、慈光阁一带。成茶汤色清澈带杏黄，香气持久似白兰，滋味醇厚回味甘。

太平猴魁

1915年在巴拿马万国博览会上，太平猴魁获得金奖。

当地人说，五百里黄山，六百里猴魁。传说在很早以前，在安徽黄山山区住着一个樵夫，有一天他上山去砍柴，累了然后就坐在石头上休息，忽然从远处飘来阵阵香味，闻之让人感觉十分舒爽。樵夫沿着香味找去，在一个石缝间看到了野茶，知道是它们散发出来的味道，不过无法上去采摘，于是他就开始训练一群猴子让他们去采。采摘下来制成的茶叶冲泡的茶汤十分鲜美，为茶中

太平猴魁

之魁，又是猴子采摘的，因此就叫作猴魁了。

还有种说法。太平猴魁，产自黄山北麓太平县的猴坑、猴岗和彦村。这里三峰鼎立，林幽沟深，低温多湿，土肥水美，终日云蔽雾障。因这里出产的茶叶，色泽、白毫、香气、滋味均超出当时的优质茶，故被誉为“猴魁”。

猴魁的茶条形状为扁展挺直，两叶抱一芽，可见芽峰，茶条长度5—7厘米，大小匀齐，身骨饱满，叶质肥厚重实；芽峰、叶背略有茶毫，但毫毛不显不白，为隐毫；太平猴魁干茶的色泽深绿，茶汤浅绿清亮，透明度极好，汤色稳定。

黄山太平猴魁茶文化节已经举办了好几届。文化节中人们围绕太平猴魁的茶历史、茶文化以及本地民俗和渔乡特色开展了各色文化活动，如茶艺、茶道表演，游人品茶，文艺演出，游客采茶，祭茶树王等，让每个人都有机会近距离地感受茶文化的魅力。

祁门红茶

祁门红茶

说皖南名茶，当然不得不提祁门红茶。在国际茶市上，祁门红茶与印度大吉岭红茶齐名，备受青睐。它在巴拿马国际博览会上获得过金质奖章，作为名牌珍品销往英国、德国，北欧、东南亚等几十个国家和地区。

祁门红茶品质超群，这与当地自然生态环境条件优越是分不开的。祁门地处安徽南端，黄山支脉由东向西环绕，西北有大洪岭和历山，东有楠木岭，南有榉根岭，绝大部分是山地，满眼是森林和茶园。早晚温差大，常有云雾缭绕，且日照时间较短，构成茶树生长的天然佳境，故而酿成了“祁红”特殊的芳香厚味。

说起祁红，自然离不开胡元龙的名字。胡元龙是祁门著名实业家。他开垦荒山种植茶树、毛竹、松杉，创办茶厂、瓷土厂。为扩大祁茶销售，以胡元龙为代表的一批有识之士大胆探索，于光绪年间改制红茶成功，其改制的红茶，深受世人欢迎。

霍山黄芽

霍山黄芽

霍山产茶历史悠久，茶文化底蕴深厚。据清光绪《霍山县志》记载：“霍山黄芽之名已肇于西汉。”

霍山茶叶从唐朝开始兴盛，被列为贡品，明清时期为皇家御用。

据说，大唐贞观年间，唐太宗的御妹玉真公主李翠莲立志修佛，在霍山挂龙尖上的白云庵削发为尼。李翠莲酷爱饮茶，她将采制的霍山黄芽茶送至京城。唐太宗品尝此茶后，连称好茶，遂将此茶赐名为“抱儿钟秀”，意思是凝聚着天地精华之气的抱儿峰孕育出的好茶。

霍山黄芽茶有着姣好的身段、俏丽的外表和优秀的品质：外形条状，微直略扁，形似雀舌；色嫩绿均披白毫，叶底嫩黄明亮，香气清爽并持久；茶汤色黄绿，清澈，滋味醇和浓厚，品后还有明显回甘的特点，让人依恋。

六安瓜片

六安瓜片

大别山中，常年都是云雾缥缈，初次踏上这片红色热土的人们，往往艳羡它的美景，发出“舟行碧波上，人在画中游”的感叹。在这片充满灵气的地方，孕育着大自然的精灵——六安瓜片。

六安瓜片是中国十大名茶之一，是绿茶中的

春天，岭上岭下采茶忙。

上品。据考证，《红楼梦》中“妙玉品茶”所品的茶就是六安瓜片。

六安瓜片不仅生长的地方特殊，采摘的方法也与众不同。因为叶片肉质醇厚，所以采茶人只采摘茶枝上的嫩梢壮叶。据说，六安瓜片是我国绿茶中唯一去梗去芽而只留叶片的茶叶。

随着沸水注入，茶叶原本两端都向上卷起的叶片，像珍贵的绿蝴蝶一样上下翻飞；像秋叶在风的吹拂下，打着旋儿，摇摇晃晃，飘飘扬扬，夹杂着热气扑面而来，浓郁的茶香沁满全身。

91 名酒：最美琼浆　香飘江淮

名酒档案：

魏王曹操诗云："对酒当歌，人生几何；譬如朝露，去日苦多。"天下美酒，激发了文人墨客的创作灵感，从而留下千古诗文。皖南产茶，皖北出酒。安徽是全国产白酒的大省之一，古井酒、口子酒等风味独特，闻名遐迩。

"无酒不成席"，是中国古老的传统习俗。文人雅集，以酒助兴。普通百姓同样经常借酒寻欢，汇聚一堂，以加深亲情和友情。

古井贡酒

说起安徽白酒，首屈一指的当然是古井贡酒。人们常常称颂古井贡酒："一家饮酒百家醉，一户开坛千里香。"古井贡酒是我国古老的名酒之一，产于历史文化名城亳州市。亳州，地处淮北平原、涡河上游，在东汉时被称为"谯陵"，是魏武帝曹操的家乡。曹操曾用"九投法"酿出著名的"九酝春酒"。

古井贡酒采用古井泉水酿造。古时亳州多井，奇怪的是只有一口井的水可以酿出好酒。这口井位于亳州城外20千米的碱店集（今古井镇），至今已有1400多年的历史了。千余年来，此井不溢不涸，井水清澈透明，味甜爽口，含有丰富的矿物质，取用此井水酿酒，酒香浓郁，酒水甘美醇和。

古井贡酒

古井贡酒属于浓香型曲酒。多少年来，酿酒工人在继承传统的"九酝春酒""碱酒"等酿造技艺的基础上，精心研究，改革创新，

古井酒文化博览园

吸收现代酿酒新技术，打造出“色清如水晶，香醇似幽兰”的独特风味。古井贡酒以酒液透明、味醇甘美、柔和舒适、入口净爽的特点，赢得广大消费者的喜爱。

在古井镇，有古井酒文化博览园，为国家AAAA级旅游景区，园内包括古井贡酒酿造遗址公园和质量科技园两大部分。置身其中，感受到的是古井酒悠久的酿酒历史和厚重的酒文化。

口子酒

口子窖酒即口子酒，原名“濉溪大曲”，产于高粱之乡——淮北平原的濉溪镇，因地得名，是安徽白酒中的老字号品牌。

相传春秋时期，宋国迁都相山，宋侯歃血饮酒会诸侯时，所饮的就是口子酒。据《宿州志》记载，六百多年以前，口子酒就已大量生产，到明末清初，濉溪集镇上的酒坊已有十多家，至清代嘉庆年间增加到三十多家。随着津浦铁路的开通，两淮煤矿的开采，酿酒作坊如雨后春笋般涌现。1931年和1934年，口子酒两次参加全国铁路沿线土特产品展览会，均获甲级酒奖状。

口子窖酒，精选优质高粱为原料，用大麦、豌豆等制成中火曲和高温香曲糖化发酵剂，加入酸碱度适中、含少量矿物质的地下泉水，在制作过程中形成了准确配料、细致操作、适温入窖、低温馏酒、截头去尾、分段摘酒、长期存放等一整套完善的技术措施，确保质量长期稳定，并逐步提高。

口子窖

口子窖酒是兼香型白酒，多菌种的作用造就了其独特的味道，以芳香浓郁、入口绵柔、清洌甘爽、余味不绝等特点闻名。濉溪有句老话叫“口子香瞒不住人”；在南京，也有“濉溪名酒到浦口，南京全城皆飘香”的说法。头天晚上喝过口子窖酒，次日起床，唇齿之间还有一种甜丝丝的感觉，人们称之为“隔宿香”。

除了大名鼎鼎的古井贡酒、口子窖，安徽还有迎驾酒、种子酒、文王贡酒、高炉家酒、萧县葡萄酒、亳州药酒和被誉为“江南一枝花”的宣酒等远近闻名的酒品牌。

迎驾贡酒

迎驾贡酒属浓香型白酒，产自皖西霍山县。据《霍山县志》记载：公元前106年，汉武帝南巡，渡过淮河，沿淠河逆流而上，进入衡山国，衡山王选用当地好酒敬献汉武帝，汉武帝饮后连声赞叹，迎驾贡酒因此得名。

迎驾酒厂坐落于山清水秀的佛子岭镇，其前身是始建于1955年的霍山县佛子岭酒厂。迎驾贡酒以高粱、大米、糯米、小麦、玉米为原料，依托大别山无污染山涧泉水，运用现代高科技手段精心酿造，具有“窖香幽雅、绵甜爽口”的突出特征。巍巍大别山独特的红色文化和安徽六安深厚的汉文化，赋予了迎驾贡酒特有的山水文化底蕴和历史人文情怀。

萧县的葡萄，砀山的梨，名扬天下。萧县的葡萄，颗粒饱满，多汁甘甜，用它酿出的葡萄酒，当然是一绝。

萧县利用本地盛产葡萄的优势，通过科学严格的工艺和匠心独具的配方，制成“清明透亮、果香浓郁、柔和爽口”的葡萄酒，远销五湖四海。

诗仙李白说：“古来圣贤皆寂寞，惟有饮者留其名。”美丽的安徽，是老子、庄子、曹操、刘伶的故乡。皖北大地，不但产酒，堪称“酒都”，而且这里的人性格豪爽，雅量高致。好酒的刘伶短短一篇《酒德颂》，穿越漫长时光，被代代传诵至今。

92 特色皖菜：徽文化浸润珍馐

特色皖菜档案：

有别于狭义的古徽州地区的“徽菜”，而今，“徽菜”的内涵已重新被定义，由皖南菜、皖江菜、合肥菜、淮南菜、皖北菜五大流派合一而成。

2018 年，“游安徽不得不吃”的特色皖菜名单公布。其中，黄山红烧臭鳜鱼、绩溪胡适一品锅、徽州刀板香、合肥吴山贡鹅、宿州符离集烧鸡、萧县鱼咬羊等早已为食客们所知晓。

黄山红烧臭鳜鱼

闻起来臭、吃起来香的，自然是臭鳜鱼。这道菜肉质鲜嫩、醇滑爽口，保持了鳜鱼的本味原汁，已有两百多年的历史。鳜鱼以肉质细嫩丰满、肥厚鲜美、体内无胆、少刺而著称，为鱼种之上品。

到徽州，必尝臭鳜鱼。不尝，则颇有憾。

风味鳜鱼

早在清朝鸦片战争后期，随着上海成为通商口岸后，安徽山区原经江西出口到广州的土特产，改由新安江至杭州转上海出口，屯溪遂成为集散中心。每年重阳节后鱼贩将长江名产鳜鱼挑至屯溪出口，从望江一带到屯溪要七八天，为防止鲜鱼在运输途中变质，便采取摆一层鱼洒一层淡盐水的方法，并经常上下翻动。待一周之后抵达屯溪等地时，鱼鳃仍是红色，鳞不脱，质未变，只是表皮已散发出一种似臭非臭的特殊气味，洗净后经热油稍煎，细火烹调，非但没有异味，反而更加鲜香无比，成为脍炙人口的美味。臭鳜鱼从此名满天下。

徽州刀板香

徽州刀板香

刀板香顾名思义就是肉在刀板上切着吃是最美味的。这道菜需趁热吃，肥而不腻。蒸出来的刀板香一块块亮晶晶的，鲜与咸都恰到好处，让人想起小时候家乡大瓷碗里的大块咸肉，还有恬静的小村庄、雄伟的山峦、静静的小溪，值得回味。

相传绩溪籍兵部尚书胡宗宪返绩溪龙川时，路过歙县问政山拜访恩师。为款待爱徒，师母将家中腌制的猪肉平铺于山笋上面，放置在刀板上一同蒸，捞起切成薄片，与刀板一同端上桌，胡宗宪吃后，胃口大开，命名此菜为“刀板香”，故徽州刀板香之名一直沿用至今。

刀板香，其意在刀板留香。这种美食一重在板。在焖蒸过程中，将腌腊肉置于上等香樟木板上，所有油腻皆被木板吸走，既保持了肉的咸鲜又油而不腻。木板经过长久的使用，板面上有微微的裂痕，而使用越久的木板越好，与广州做煲仔饭的砂锅有异曲同工之妙，都是使用的时间越长久，做出来的味道越鲜美。

刀板香的肉料选取很讲究。它选用徽州所产的黑猪、蓝田花猪。在腌制猪肉时，选用的是五花肉，因其肥瘦适中层次分明，且熟而不烂，盛在盘中也颇为坚挺，色香味俱佳。

品尝徽州刀板香最好是在杜鹃花漫山遍野火一样开放的季节，此时腌制的猪肉味道最佳，春笋也刚上市。

今天的黄山，农家后院里依然晾晒着咸肉，洋溢着一派田园气息。

绩溪胡适一品锅

提到“一品锅”名称的由来，还流传有一段有趣的故事。传说明代的时候，皇上突然驾临朝廷重臣毕锵的府上做客，席上除了山珍海味外，毕锵的夫人还特意烧了一道徽州家常菜——火锅。不料皇上吃得津津有味，对此赞不绝口。后来，皇上得知这道菜竟是毕锵夫人亲手烹制的，便说原来还是“一品锅”。

真正让绩溪一品锅发扬光大，走出安徽走向世界的人是胡适。胡适是绩溪上庄人，对“一品锅”情有独钟。他说，每到工作压力沉重、感觉情绪压抑之时，便会到厨房烹制这道家乡名菜，放松心情。他的夫人江冬秀，原籍就在与上庄有一山之隔的江村，更是擅长烹制此菜。胡适任北京大学校长时，常在家中设宴款待客人，当家菜必是“一品锅”。当菜端上来的时候，胡适嘴上总是念念有词：“此菜是家乡名肴，务请诸君赏光，品尝一下地道的家乡味。”20世纪五六十年代，胡适客居美国，每有贵宾到访，也是以此菜招待。

传统徽菜胡适一品锅

如今的人们品尝胡适一品锅，比过去更讲究了，强调色泽鲜艳，一眼望去，黄色的是蛋片，红色的是火腿片、鲜虾，绿色的是青菜，棕色的是牛肉片、香菇，白色的是鱼片，淡白色的是鸡肉片、猪肚、冬笋片，五颜六色，诱人大开食欲。

合肥吴山贡鹅

长丰县的吴山地处合肥北部，古属楚国封地，地处江淮要冲，历来是兵家必争之地。如今，吴王墓、吴王庙、百花公主墓、杨渥古街等众多历史遗迹共同构成了“吴王遗踪”。1995年“吴王遗踪”被评为“合肥十景”之一后，前来参观游览者络绎不绝。

合肥吴山贡鹅

吴山南有长江，北有淮河，温带气候，适宜各种农作物生长和畜牧业养殖，物产丰富，尤其是盛产大白鹅。这里产的白鹅肉质较普通鹅细嫩，味美，烧、煮、炖、烤、腌食皆宜，因鹅喜食青草无污染，故又被称为“绿色保健食品”。据说，五代十国时，吴王杨行密喜爱家乡的鹅肉，用吴王府流传下来的正宗吴山贡鹅卤制秘方制作的贡鹅，色清正，香浓郁，味美醇厚，回味无穷，具有健脾养胃、益气补虚、清热解毒之功效，发展到今天，成为餐饮品牌。

现在，吴山“贡鹅宴”的流行吃法有三大件（头、爪、膀），五小件（心、肝、舌、肠、肫），六配套（虾糊、锅巴鹅汤、鹅血煲、贡圆、卤猪手、花生千张素拼），而且先吃什么、后吃什么、如何搭配、如何敬客等都有讲究。

萧县鱼咬羊

在安徽，名闻遐迩的萧县羊肉享有盛名已有300余年。据《萧县志》载萧县历来养羊较多，此地有国家级森林公园皇藏峪、天门寺、圣泉寺等风景名胜，山川秀美，饲草丰茂。农民养羊，采用纯自然放牧方式，让羊儿自由自在地觅草寻食。每到夏日，经过一个冬春的催肥，羊儿膘肥体壮，且为绿色食品，无任何污染。

鱼咬羊

萧县传统名菜也多以羊肉为主，有“无羊不成席”之说。萧县人吃羊别出心裁，寓创新于传统之中，远近知名。主要菜品有羊肉汤、鱼咬羊、葱爆羊肉、地锅烧羊肉、清炖羊头、手抓羊肉等。

鱼咬羊是将羊肉装入鱼肚子而后封口烹制而成。传说孔子周游列国时，宣传自己的政治主张，到处碰壁，甚至落到断粮的处境。他的学生讨来一小块羊肉和几条小鱼，因饥饿难忍，只好应急将羊肉和小鱼同煮。出乎预料，羊肉烩鱼汤，十分鲜美。传说圣人创造“鲜”字，即由“鱼”“羊”二字合成，由鱼和羊合烹的“鱼咬羊”又称“鲜炖鲜”，也流传至今。

每逢萧县举办伏羊文化节时，周边徐州、淮北、宿州和永城等市县的食客便蜂拥而至。店铺不够用，临时搭篷，布篷相连，十里联营，人山人海，熙熙攘攘，蜿蜒如蛇行。炸熘、爆炒、焖炖、煨烧，造就一羊十八味的全羊宴。酒过三巡，撤下凉菜，上来一大盆鱼咬羊，各人面前配上一小碟佐料，香味扑鼻。佐料各家有各家的秘方，各店有各店的祖传，拿起带骨的大块羊肉，蘸着佐料，大口咀嚼，大快朵颐。用柴锅土灶、当地的泉水、当地的羊肉、当地的老汤、当地的佐料烹制的萧县羊肉，吃起来，汗流浃背，酣畅淋漓，不亦快哉！

淮北南坪响肚

南坪响肚是淮北的特色美食，它是用新鲜猪肚烹制而成。淮北市南坪镇，无论红白喜忧、还是朋友聚会的宴席，必有“响肚”。它具有味道鲜美、清香宜人、清脆爽口之特色，在口中咀嚼，会发出“咯吱咯吱”的响声，故称“响肚”。

响肚的制作方法很简单。选用新鲜的猪肚，用盐和醋水反复搓洗，切成条状，沸水煮熟加作料，用小食盆或大瓷碗将汤和肚一起盛出来，用勺子舀着吃。

宿州符离集烧鸡

历史上的符离属徐淮地区，水乡泽国，是野鸡天然栖息地，也为烹鸡术的发展，创造了有利条件。符离镇因北有离山，南产符草而得名。这里水草茂盛，沼泽遍布，野鸡结群出没其间，当地居民擒而饲之，其后逐步演化成远近闻名的符离麻鸡。这种以土麻鸡做原料、经过制作的烧鸡，色佳味美，香气扑鼻，肉白嫩，肥而不腻，肥肉烂脱骨，嚼骨而有余香。符离集烧鸡因此闻名开来。

宿州符离集烧鸡

符离集烹鸡、吃鸡历史悠久，源远流长，可追溯到汉代。1984年，在江苏徐州进行考古工作的专家发掘汉墓，在楚王刘戊之墓的庖厨间，出土文物有铜鼎、盆、勺等食物容器及铁釜、陶甑等炊煮器具。据说在庖厨间保存有楚王属县的贡奉物品符离鸡。符离鸡被盛放在陶盆内，上有泥封，并盖有“符离丞印”的封记，鸡骨保存基本完好。据考古专家鉴定和推断，此即古符离县贡鸡。

符离集烧鸡的制作工艺十分精细，从选鸡到捞鸡需经十二道工序。如此精工细作做出来的烧鸡，吃上一口，骨酥，嚼之即碎，齿颊留香。如在出锅后趁热轻轻提起鸡腿一抖，鸡肉便会全部脱落而骨架相连。

现在，符离集已成为名副其实的“烧鸡镇”，很多人都会趁着节假日来此品烧鸡，看美景。

六安石斛炖鸽

六安石斛炖鸽

六安地区的霍山，盛产石斛，俗称米斛，是中国国家地理标志产品，大多生长在云雾缭绕的悬崖峭壁岩石缝隙间和参天古树上。

医学研究表明，石斛能大幅度提高人体内SOD（抗衰老的主要物质）水平，有明目、调和阴阳、壮阳补肾、养颜驻容的功效。石斛和鸽子搭配，两者在功效上相辅相成，合时宜，补身子。

用石斛炖出来的鸽子非常美味，鲜甜。清澈的汤水，飘着点点油花，汤里或沉着或浮着炖得有些酥烂的石斛，酥绵、黏口。鸽子皮脆肉嫩，清爽鲜美，非常滋补。

安徽美食多，美食一条街也多。比如芜湖有坐落于市中心繁华区的凤凰美食街，在这里不仅可以品尝到正宗的芜湖本帮菜，还能吃到全国知名的其他菜系，如巴将军的火锅、毛家菜馆和洞庭人家的湘菜、绿柳居的素菜、杭帮菜等。紧邻滨江公园的雨耕山文化产业园为国家AAAA级旅游景区，依托具有百年历史的西洋建筑群及地下防空间形成了景区“地上地下、文物文化”的独特风格，拥有酒吧、西餐厅、咖啡屋、地方特色中餐馆等，中西合璧，是芜湖最时尚夜生活和高端社交秀场。合肥罍街位于宁国南路与水阳江路交叉口，汇集了众多老字号、特色餐饮、合肥名小吃，喷香的味道、美妙的口感吸引众多食客来此寻觅美食。同时，这里别致的建筑、独特的文化也让罍街成为合肥一张亮丽的“城市名片”。

附：“游安徽不得不吃”的30道特色皖菜（2018年发布）

黄山红烧臭鳜鱼、绩溪胡适一品锅、徽州刀板香、徽州冬笋味火腿、黄山双石、合肥吴山贡鹅、合肥李鸿章杂烩、三河小炒、淮北南坪响肚、亳州华佗药膳、亳州曹操鸡、宿州符离集烧鸡、萧县鱼咬羊、怀远地锅鸡、阜阳贡椿炒蛋、阜阳卤鲫鱼、淮南刘安点丹、淮南菊花豆腐盅、滁州秦栏卤鹅、凤阳豆腐、六安石斛炖鸽、马鞍山口袋鸭滋补煲、无为板鸭、绩溪炒粉丝、铜陵红烧华鱼、枞阳生腐烧肉、池州秋浦花鳜、桐城大关水碗、广德油焖笋尖、宿州山粉圆子烧肉。

93 金牌小吃：香喷喷的思乡情

金牌小吃档案：

小吃就地取材，能够突出反映当地的物质文化及社会生活风貌，是一个地区不可或缺的重要特色。安徽小吃品种繁多，历史悠久，独具风味。合肥下塘烧饼、淮北油茶、阜阳枕头馍、阜南方集馓子、安庆江毛水饺等，具有典型的地域特色，在岁月的积淀中历久弥香。

合肥下塘烧饼

合肥传统名小吃，起源于汉代，扬名于晚清。

合肥下塘烧饼

下塘镇是有名的千年古镇，建于北宋年间，古时是通往庐州府、凤阳府、寿州府的交通枢纽。相传魏蜀吴三国鼎立之时，曹军伐吴，在合肥逍遥津被吴军打败。吴军追击曹军到下塘。夜间曹军又饿又累，但恐被吴军发觉，不敢烧火做饭。军师想出妙策，将行军锅倒扣，再找一些树根在下点燃，炕出了又香又脆的烧饼。曹军将士饱餐一顿后，士气大振，第二天一举击溃吴军，旗开得胜。

“一揉二拍三翻转，四贴五烘六轻铲，七分火来八分揽，九品上乘实在难。”如此制作出来的烧饼酥软可口，有嚼头，口感筋道，美味十足。下塘烧饼经过发展，具有色美味醇、外焦里嫩的优点。

三河米饺

三河米饺是肥西县传统小吃。行走在古镇三河，像是行走在明清历史的镜像里，行走在一幅幅古色古香的水墨画中。清幽幽的小南河，朴实厚重的古街，熟稔而纯正的庐剧腔，尤其是酥脆滑口的三河米饺，香味萦绕在幽深曲折的巷道，让远方的游客流连忘返。刚从翻腾的油锅里捞出来的米饺，大如元宝，尚在吱吱作响，色泽金黄，外皮酥脆，馅味鲜美，勾引着游客的味蕾，让游客想不尝一口都难。

三河米饺

米饺，这种三河传统早点历史久远，之所以名声大噪，还与太平天国的青年将领陈玉成有着很深的渊源。1858年，陈玉成率太平军与清朝湘军主力李续宾部决战于三河镇，并取得了历史上有名的“三河大捷”。

相传，陈玉成军纪严明，秋毫无犯，深受三河百姓爱戴。战斗艰苦之时，家家户户放弃一切劳作，搜集家中食粮做美食慰劳太平军将士，其间最受太平军战士青睐的就是三河米饺了。此后，三河米饺名扬天下。

淮北油茶

在淮北，人们喜爱油茶，大小街头、小吃摊上油茶随处可见。

锅内放入大小元茴、丁香、花椒等原料，用微火烧开，过细箩；再将过油豆皮、花生米等放入锅中，用旺火烧至要冒烟时，倒入猪骨髓油、面筋，搅拌均匀；加入黑白芝麻，拌匀，最后烧开挂面粉即成油茶。

吃油茶成了淮北人的生活习惯，人们常说“老城油茶喷喷香”。油茶美味

淮北油茶

可口，口感滑腻油润，略感糊口；酥油香气浓郁，营养丰富，有提神、消食健胃、驱湿避瘴等功效。

人们喜爱油茶，也演绎出许多故事。有一个版本说乾隆皇帝下江南时，沿途百官大献殷勤，让皇帝尝遍了山珍海味。最后，乾隆见食生厌，让地方官和众御厨顿时束手无策。有一位官员想起家乡的油茶，命厨师做出一碗奉上，乾隆喝后顿时口舌生津，赐名“爽神汤”。

宿州䭀汤

宿州美食有四绝，䭀汤、夸离集烧鸡、砀山酥梨、萧县羊肉汤。

据传乾隆皇帝下江南时，偶尝此汤，大加赞赏，从此䭀汤声名远播。现今䭀汤传遍江淮大地，成为风味独特的安徽著名小吃，2006年被列入“宿州市非物质文化遗产名录”。此汤在埇桥区、萧县、砀山地区最为流行。

䭀汤用老母鸡、猪排等为原料，炖好后，打鸡蛋在碗里，搅拌匀后，用沸腾的肉汤浇沏，制成黄澄澄的闷汤蛋花茶。其味道鲜美，令闻者垂涎，滋补均衡，健脾养胃。

宿州䭀汤

䭀汤入口鲜咸，汤味厚重，汤汁浓淡适宜，用筷子轻轻搅动，纤细而柔韧，含在舌尖，依旧是肉味；沁入心底，依旧是肉香。各种味道都那么香浓、绵长，耐人寻味。一碗下肚，使人劳顿饥渴顿消，精神大振。

阜南方集馓子

方集馓子为阜南县方集镇特产，纯手工制作，原料采自淮河洪洼地区，天然绿色食品。

方集馓子制作采用优质小麦面粉、植物油、芝麻、食盐；经过和面、醒面、搓条、盘条、框条炸制等多道工序制成，色泽金黄、香酥可口，既可当作休闲食品，又是下酒的好菜。

阜南方集馓子

民间相传清康熙年间，康熙巡视东南，途经颍州，夜晚微服私访小吃街，恰遇方集进城的馓子，以鸡汤冲之，顿觉味道独特，香味四溢。康熙吃后，龙颜大悦，从此方集馓子被列为贡品。

方集镇地处淮河支流洪河洼地，安徽省与河南省交界处，保留着沿淮最纯朴的民风民俗和最原始的淮河风光。千里洼地，一马平川，没有城市的喧哗，没有浓烟滚滚的工厂。走在方集老街上，你会看到圆圆的箩筐，筐内盛满金黄色的馓子；你会听到卖馓者独特的吆喝叫卖声；浓浓的馓香随风飘散，沁人心脾。每逢集市，卖馓者多聚集在集市一角，或设摊卖馓，或现炸现卖。

如今方集馓子从小吃变成了大产业，走进了城市的超市，走上市民的餐桌。

阜阳枕头馍

枕头馍作为阜阳最具特色的食品之一，其历史悠久，至今已有900多年的历史。枕头馍馍皮洁白，馍瓤层层叠叠；吃在口中，香酥柔润，虽干不燥，耐嚼而又松软。

阜阳枕头馍

相传南宋抗金将领刘锜在顺昌（今阜阳）与金兀术主力对垒。交战期间，正值新麦登场，为了坚壁清野，支持宋军抗金，顺昌府百姓使用新麦做成大馍带入城内。宋军每日发一个大馍给士兵作为军粮，饿时削一片充饥，困时枕头而卧，因此称为枕头馍。刘锜率领的八字军以两万人的兵力，击败金军十余万。枕头馍成就了刘锜抗金的胜利，也成就了阜阳饮食文化的辉煌。从那以后，做枕头馍便成了阜阳人一桩独特的手艺，流传至今。

另一个说法乃是来源于阜阳东关回族卖馍人，大约清光绪二十年（1894），有推独轮车的北方盐商从颍州城经过，见当地馍形状甚大，甚感稀奇，于是购买两只装在钱褡里，留着路途充饥。夜间盐商投宿客栈，见床上没有枕头，就随手将钱褡充作枕头，顿觉松软舒适。次日醒来，盐商戏谑道：这大馍成了枕头馍了。从此，途经颍州的盐商都会买上两只枕头馍留着路上吃，枕头馍的叫法也就传开了。

在阜阳太和县，还可以吃到太和板面，即太和羊肉板面。此种面因在案板上摔打而得名，是安徽北部面食的一面旗帜。其以筋道、爽口、耐嚼、香中泛辣、辣中透香而声名远播。

淮南牛肉汤

淮南牛肉汤是淮上人家的美味佳肴，也是这里人早餐的主要食品，已风靡江淮大地，具有独特的风味。

淮南牛肉汤历史悠久。西汉《淮南子·齐俗训》记载：“今屠牛而烹其肉，

淮南牛肉汤

或以为酸，或以为甘，煎熬燎炙，齐味万方，其本一牛之体。”从中可见，当时的牛肉汤就烹制出了美妙的味道。清朝乾隆年间，翰林大学士、淮南人张政深研百草，曾任宫廷御膳高官。他告老还乡后，将清宫秘方传给后人。经过不断发展，今天的淮南牛肉汤是选用几十种滋补药材及卤料按一定的比例经传统工艺炮制而成。

淮南牛肉汤选料讲究，取江淮一带的黄牛为主要原料，用牛骨头熬汤，煮牛肉时，下锅同煮炸制好的淮椒（红干椒）与自制的红油。牛肉汤的烫制方法多种多样，均取用当地特产为辅料，如淮芋粉、绿豆饼、豆腐皮（千张、百叶）、豆圆子等。淮南牛肉汤汤浓醇鲜，香辣适口，原料丰富，味足味厚，老少四季咸宜，令人回味无穷。

在淮南，有“喝了牛肉汤，神仙也不当”之说。淮南市街头有许多卖牛肉汤的小店，最有名的是田家庵朝阳小街的“26号牛肉汤”，那里店面虽小，但味道正宗，每天食客盈门。

采石矶茶干

采石矶茶干在清嘉庆年间就已闻名。相传在采石镇的翠螺山下住着一对以卖茶为生的老夫妻，他们用采石矶的水沏出的茶水清香四溢，深受游客赞赏。

喝茶的时候吃点什么呢？老汉心中琢磨。他想，如果能有一

采石矶茶干

种食品供游人佐茶，必定可以增加收入。于是老夫妻决定制作一种可以佐茶的小吃。

老汉夫妇用黄豆磨豆浆做豆腐，将豆腐压制成紧薄柔韧的豆腐干，再放入由食盐、冰糖、大茴香、桂皮、甘草熬成的酱汁浸煮，入味后晾干。这便成为甘香筋道、越嚼越香的佐茶小吃。

好茶好茶干，老汉的生意更加兴旺起来，采石矶茶干也逐渐成为当地的名产。发展到今天，采石矶茶干制作工艺不断得到改进。茶干也选用优质大豆、甘草等十几种天然材料精制而成。品种也多了，有鸡丝茶干、火腿茶干、香肠茶干、麻辣茶干、海鲜茶干、牛肉茶干等，色泽酱红，细嚼味长，余香不绝。

采石矶茶干除含丰富的植物蛋白外，还含有人体所需的十八种氨基酸，以及钙、镁、钼、锰、硒、锶、铜等十几种微量元素，老少皆宜，同时也是旅游、饮酒、喝茶的最佳食品。

安庆江毛水饺

安庆江毛水饺是具有沿江风味的汉族传统名小吃，名为水饺，实为馄饨。饺馅主料是山区的黑毛猪后腿肉，佐以虾仁、榨菜，并用纯鸡汁或骨头汤煮饺。江毛水饺具有皮薄、肉嫩、汤鲜的独特风味，深得人们喜爱。

安庆江毛水饺

据史料记载，清朝光绪年间，江毛水饺的创始人江庆福，是安庆罗家岭人，他以经营水饺为业，走街串巷叫卖。他制作的水饺因配料精细、做工独特、口味鲜美而蜚声于安庆古城。清光绪十四年（1888）其在省城安庆小南门及高井头一带，肩挑担子卖水饺。江毛水饺正式成店于民国三年（1914），当时，江庆福在省城安庆三步两个桥（安庆市建设路）开设“江万春”饺面馆，生意异常火爆。子孙承业，经营久盛不衰。

江毛水饺先后荣获“中华名小吃”“安徽老字号”“安徽省诚信单位”“安徽省旅游定点接待单位”等称号；江毛产品还荣获“国家轻工业部部优产品”等众多荣誉。

附：“游安徽不得不吃”的金牌小吃（2018年发布）

庐州鸭油烧饼、合肥下塘烧饼、淮北油茶、亳州牛肉馍、萧县面皮、蚌埠盘丝饼、阜阳枕头馍、阜南方集馓子、滁州管坝牛肉、淮南牛肉汤、金寨红豆腐、采石矶茶干、和县乌江霸王酥、芜湖小笼汤包、宣城新四军焖面、枞阳糍粑、九华素饼、安庆江毛水饺、广德蒿子馍馍、宿松糯米粑。

94 奇石：精美的石头名天下

奇石档案：

安徽物华天宝，人杰地灵。正因为复杂多样的地质条件，蕴藏丰富的矿石资源，川流不息的大江大河造就了品类丰富的奇石，或深藏土壤，或水激而成，美不胜收。俗话说“精美的石头会唱歌”，灵璧石、紫金石，都是大自然的珍奇。

灵璧石

灵璧大理石是灵璧县的传统特产。《名胜志》载，灵璧县“以县产磬石，珍之如璧，故名”。制作摆件时，无须刻意，随便放上一块灵璧石，就是一座高低错落的山脉，就是一幅令人遐思万千的丹青；再植上几株小树，就有了蓝天的梦，白云缭绕，还有水的清响。这就是灵璧石的神奇之处。

灵璧石摆件

灵璧石的形成，在8亿至9亿年前，即震旦纪晚期。那时，灵璧、徐州一带均被海浸，属浅海区域。地球上的最早生命——原始的藻类等植物大量生长、繁殖；原生的石灰岩矿体在海水中，由于藻类植物的造礁作用，从而复合形成今天的各类石矿体。在漫长的岁月中，矿体受到地壳运动、造山运动影响及长期受微酸性泥土和雨水的渗蚀，剥离地表、分类群合，形成灵璧石特有的垒块形态。

灵璧石之所以被历代所推崇，主要因为其质地坚韧细密，叩之有声，能击打出8种音律，同时又具有英德石、太湖石的嶙峋形态，并且常以天然形成各种动物形态而取胜。

灵璧石被誉为“天下第一石”，与太湖石、昆山石、英德石共称为中国“四大名石”。灵璧石因质奇、形奇、色奇、声奇而位列四大奇石之首。

紫金石

淮南西部，古称紫金山的八公山，不仅有豆腐，还有紫金石。

连绵起伏的八公山并不巍峨高大。“山不在高，有仙则名”，汉淮南王刘安邀“八公”等俊士，谈古论今，著书立说，炼丹修道，终于向世人奉献了巨著《淮南子》。

紫金石

紫金石质地细腻润泽，硬度适中，色彩绚丽，纹理清晰，纯净无杂质。紫金石属于彩石类欣赏石，色彩有金晕、蚕纹、蟹黄、紫带等；分类有景观石、象形石、画面石等。景观石气势伟岸，意境深远，夺人心魄；象形石形神兼备，奇巧逼真；画面石图案清晰，对比明快，墨色的浓淡干湿都能表现得淋漓尽致，仿佛是艺术大师独具匠心之作。

安徽奇石多。《宁国县志》载：“宣石，是黄褐色的沙积石、石灰石等经大自然年长日久的风雨剥蚀后形成的一种山石。”宣石质地细致坚硬、性脆，颜色有白、黄、灰黑等，以色白如玉为主，稍带锈黄色；多呈结晶状，稍有光泽，表面棱角非常明显，有沟纹，石纹细致多变；体态古朴，以山形见长。马鞍山有绿松石，是一种含水的铜铝磷酸盐矿物，其特有的蓝色光泽，代表着温馨和生命，是吉祥、永恒和成功的象征。

安徽还富有玉石，分布于十大地带。黄山、霍山、金寨、铜陵、灵璧、太湖等地，都探明富藏玉石，玉石种类丰富，包括岫玉、独山玉、大理岩玉、和田玉、石榴石、大别山红宝石等。金寨县有大别山玉博园，集玉石加工、交易、展览于一体，为国家AAAA级旅游景区。

95 芜湖铁画：以锤为笔　锻铁成画

芜湖铁画档案：

铁画制作起源于宋代，盛行于北宋。清代康熙年间，芜湖铁画逐渐自成一体，享誉四海，由芜湖铁工汤鹏与芜湖画家萧云从相互砥砺而成，成为中国工艺美术百花园中的一朵奇葩。

芜湖铁画的诞生并非偶然，它与古鸠兹发达的冶炼技术有关，更与徽文化有着深厚的渊源。芜湖拥有丰富的铁矿资源，自古以来冶铁业就十分发达，春秋时期就有铁匠在此从事铁艺锻造，民间也一直流传着“铁到芜湖自成钢”的说法。芜湖因拥有几千年的古代铜铁冶炼史，被称为人类“火文化”的重要发祥地。发达的冶铁业和高超的锻技，为芜湖铁画的创造提供了先天的基础和条件。

芜湖铁画原名“铁花”，它以熟铁做原料，以锤为笔，以铁为墨，以砧为纸，锻铁为画。艺人们借鉴了中国传统国画的构图法以及制作金银首饰、剪纸、雕塑等的工艺技法，用锤代笔，把铁板敲出大致的形状，再精雕细琢，一锤一锤地把铁板修整成形，再用剪刀剪出一些修饰物。工匠艺人以低碳钢做原料，经过出稿、剪、砸、烧打、上漆蜡、上框等工序和“打活”“钻活”等工艺，这样才能完成一幅线条刚劲挺秀、层次清晰、立体感强的铁画。

芜湖铁画既有国画、水墨画之境，又有强烈的艺术立体感，黑白分明，苍劲凝重，有山水、人物、花卉、虫鱼、飞禽、走兽等各种艺术品类，被称为“巧夺万代所未有”。铁画既有国画的神韵，又有雕塑的立体美，还表现了钢铁的柔韧性和延展性，形成了独特的艺术风格，被誉为“中华一绝”。近年来，艺人们不断创新，又开创了立体铁画、盆景铁画、瓷版铁画、纯金和镀金画等新品种。

构图是形成铁画民族特色的重要因素之一。它借鉴中国画和水墨画的章法布局，融合多种工艺技法，将绘画与工艺完美地结合在一起。铁画艺人在构图时有较大的自由，把在不同时空得到的所见、所知和所想，按照表达的需要重新加以

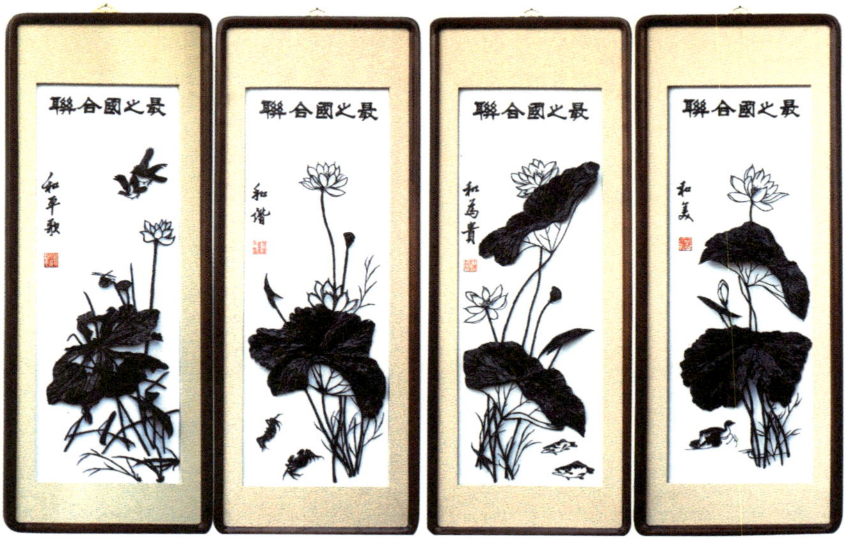

芜湖铁画四条屏

组织。远景赋以疏细线条，近物则以粗犷布势，使山水能分远近之趣，楼阁能得透视之感，人物能具传神之态，花鸟能显栩栩之姿。“字画疏处可以走马，密处不使透风”，艺术家常借用这两句话强调疏密、虚实之对比，反对平均对待和现象罗列。

20世纪50年代，铁画老艺人储炎庆和弟子制作的大型铁画《迎客松》《梅山水库》和铁画书法《沁园春·雪》等作品被悬挂在人民大会堂。国家领导人经常在《迎客松》前与外国来宾合影留念，它已成为中国人民对外友好的象征。芜湖铁画还多次被国家领导人作为国礼赠送给外国贵宾，受到海外人士的青睐。

芜湖铁画艺术受到很多艺术家们的高度评价。艺术大师刘海粟曾挥毫写下赞语：“精神千古，气节万载。”一幅铁画，乍看墨色淋漓，其实黑白分明、刚柔并济，在飞点走线、斑斑锤痕之间，芜湖铁画正在不断的创新中完成它的传承和升华。

芜湖铁画历经了三百多年的传承和发展，在传统形式的尺幅小景、画灯、屏风基础上，又有了新的进步，形成了座屏、壁画、书法、装饰陈设和文化礼品等五大系列两百多个品种，以其与众不同的艺术风格和魅力，在艺坛独树一帜。

96 望江挑花：正反成趣多质朴

望江挑花档案：

望江挑花这种传统的手工技艺扎根于民间，土生土长，世代相传，最早始于唐代，距今已有1000多年的历史。

望江挑花就是这样一个穿越了千年历史的艺术奇葩。它是山野春风滋润的花朵，它是唐代诗人罗隐点化的诗。它三次进入人民大会堂，2008年被列入国家级非遗名录。

在土布底子上，挑花女纤细的手指随心灵飞动，以挑、钻、游、织针法，在经纬间绣制而成精美图案，正反成趣。它不绚丽、不张扬，古朴而静谧，需要你静心去品读，一旦读懂了它的神韵，尘世的喧嚣、浮躁都在瞬间没有了踪影。

望江挑花

将一幅黑白分明的挑花工艺品挂在墙上，捧一杯香茗细心体会，似线条简洁的水墨画，清雅极致；又像年代久远的青花瓷，典雅极致。

望江挑花的构图元素主要取材于生活，除各类几何图形变化外，常见的有植物藤蔓、花果、茎叶，如梅花、竹叶等，创意独特，寓意深刻，具有浓郁的民族色彩和强烈的生活气息。据《望江县志》记载："挑花工艺多见于民间妇女的衣物装饰。农家用自纺、自织、自染的青、白老布与棉线

蚕丝抱枕“万事如意”

制作。有白底青花、青底白花两种颜色。制品有大头巾、围裙、小孩围兜、绑腿、镜褡、披肩等。品种图案因物而异，如大头巾上的‘凤戏牡丹’、风帽上的‘鲤鱼跳龙门’、镜褡上的‘九连灯’、围裙上的‘蝴蝶扑金瓜’、老人裙带上的‘福寿双钱（全）’。”

2008年，望江挑花被列入国家级非物质文化遗产名录后，挑花发源地鸦滩镇也被授予“中国民间文化艺术之乡”称号。

挑花图案在题材上也随时代而发展，既吸收传统题材的图案形式，又在色彩和构成形式上有了新的设计，装饰性强，形式美感强烈。

97 界首彩陶：三彩刻画唐宋韵

界首彩陶档案：

界首市有“陶瓷故乡”之称。该市陶瓷制作技艺距今已有1000多年的历史，彩陶独特的造型和装饰保持着古老的风韵。

界首陶瓷

在淮河中游的界首，剪纸、年画、陶器等民间艺术源远流长，散发着浓烈的泥土芬芳。界首彩陶更是秉承了唐三彩遗风，独树一帜。

历史上，界首彩陶流传区域主要在颍河界首段南岸，当地村民都以冶陶为生。隋代，界首便有了立窑烧陶的历史。唐代，因与唐三彩产地洛阳为邻，界首三彩刻花陶器的问世，轰动一时。其造型多以圆形为主，寓意团团圆圆。界首彩陶的制作原料，取自淮河流域特有的淤泥。这种淤泥经河水冲刷后，具有坚韧的弹性和可塑性，便于塑造千变万化的形态。

开始是素烧陶，百姓们用柴草低温烧制出没有釉彩的陶器，自然而成的条纹成为独具美感的装饰纹样。后来发展到刻画期，先民们开始用陶轮拉出千变万化的陶抬；晾干后，施白土于胎面，以铁签或竹签刻画花鸟鱼虫于胎面，再施釉彩窑烧。到了刻画期，随着题材的丰富，除花鸟鱼虫外，先民们还吸取了传统戏曲中的艺术元素，《关公战秦琼》《铡美案》等传统戏剧场景都被搬上了陶坛。

今天的界首彩陶，既秉承了唐三彩遗风，又兼容了当地木版年画的线刻表现形式，吸收了界首剪纸线面结合的特点，信手刻画，毫无雕琢之匠气，在制陶技艺中自成流派。

98 阜阳剪纸：纸随刀转万象生

阜阳剪纸档案：

阜阳剪纸是一门古老的传统民间艺术。表现内容多以喜庆的生活题材为主，粗犷之中蕴纤巧，质朴之中见秀丽，刚柔兼备，情趣醇和。2008年被列入第一批国家级非遗名录。

刘继成剪纸《红楼梦》

阜阳剪纸有着悠久的历史。从相关资料来看，可以追溯到南北朝时期。据有关专家考证，《木兰辞》中描述巾帼英雄花木兰（古谯郡人，今亳州人）“当窗理云鬓，对镜贴花黄”的诗句，“花黄”即剪纸作为头饰在生活中的应用。

唐代时，原属于阜阳地区的亳州出产过“亳绢”。当时以绢为纸，剪绢花和剪纸是同源的。明清时期，阜阳地区逢年过节、祝寿送礼，都习惯用剪纸来装饰物品、点缀门窗、美化环境。阜阳博物馆收藏的《兰桥会》《牧笛》《祭塔》等，都是清代的阜阳剪纸，构图简洁、形象生动，剪口清晰，想象丰富。

1976年起，阜阳文化部门对剪纸作者进行普查，发现民间剪纸作者近千人，陈之仁、吕凤毛、王家和、程建礼、贾培秀、戴氏三姐妹等都是当时民间

外交部长王毅观看阜阳剪纸非遗传人程兴红剪纸

著名的剪纸能手。中国文联副主席冯骥才在“阜阳剪纸歌”中题道：“双手能而巧，心灵慧亦聪。纸随刀剪转，须臾万象生。”当时，阜阳剪纸走进合肥、上海、北京、南京、济南、深圳、哈尔滨、乌鲁木齐等地及日本等国家，《人民日报》、中央电视台等媒体纷纷报道，形成了一股阜阳剪纸热潮。1988年，刘继成与王家和合作的剪纸作品《红楼梦》被作为礼品馈赠联合国领导。

阜阳剪纸题材多样，应用广泛。比如喜庆的节日，用红纸剪窗花、门笺、灯花、喜花等，象征吉祥与喜悦。剪纸作者大部分都是土生土长的本地人，他们以作品来表达生活情趣，妇女们在鞋帮、衣帽、枕套、手帕、围裙上绣的花样，也喜欢用剪纸做底稿。

现如今，阜阳剪纸大体上可分为单色和彩色两大类，艺术上善于运用粗细线组合、阴阳刻交替，融合北方剪纸粗壮浑厚和南方剪纸纤巧秀丽的风格，刚柔兼备、节奏和谐，涌现了程建礼、朱坤英、刘继成、程兴红、吴青平、葛庭友等一批著名的剪纸艺人。

99 淮河柳编：形体圆润工艺精

淮河柳编档案：

淮河柳编作为一项历史悠久、工艺精美、造型纯朴的民间传统工艺，具有特殊的文化价值。它取材于在低洼潮湿地质中的多年丛生灌木植物，其茎条柔韧，适合编织笆斗、箩筐、簸箕等盛装物品的器具。其中以阜南柳编、霍邱柳编最为出名。

生长在低洼潮湿地质中的多年丛生灌木植物，有一个特点是茎条柔韧，当地百姓就地取材，编织笆斗、箩筐、簸箕等盛装物品的器具，这有着悠久的历史。

据考证，淮河柳编技艺始于周朝，兴于明代，沿袭至清代，传承至今。明朝郑和下西洋时，淮河柳编也随同漂洋过海，作为礼物馈赠给二十几个国家和地区的人们，深受欢迎。改革开放以来，淮河两岸人民以丰富的杞柳资源为原材料，

精心研发并手工编织出大批工艺品，柳编的文化价值和艺术价值重新被挖掘出来，并成为出口创汇项目。尤其是阜南县和霍邱县一带的柳编，工艺精湛，两县也培育出多个柳编品牌产品，年销售额在千万以上的企业不断出现。

淮河柳编的编织工序严谨细致，其成品质地柔韧细腻，色泽白皙如玉，造型美观高雅。阜南在清朝时民间编织的柳箱、筐、篮、升、斗、簸箕、箩筐等，因为形体圆润、结实耐用，产品远销苏、浙等大商埠。每年农历三月，阜南黄岗就有举办庙会的习俗，主要目的是扩大柳编原材料和柳编产品的交易。黄岗已经成了柳编产品集散地，设有“柳编一条街”。

淮河柳编一直随着时代发展而发展。目前，淮河柳编形成了柳线、柳木、柳草、柳藤、柳竹、柳铁、柳瓷等二十大系列、上万个品种，它不仅仅是生活生产用具，已经变成具有审美价值的装饰品，成为楼堂馆所、家居、园艺等人居环境装饰、点缀的时尚单品，每件产品均有独特、鲜明的文化韵味。

100 舒席：顶山奇竹编贡席

舒席档案：

舒席古称“竹簟”，是驰名中外的传统工艺品，盛产于舒城、潜山一带，因这里曾为“舒州”，舒席因此而得名。2008 年，舒席入选第一批国家级非遗名录。

舒席成品

安徽不少特色工艺品，既美观又实用。比如巢湖纸笺，通过染色、施胶、填粉等多道工艺，将手抄原纸（生纸）做成加工纸，增强了艺术性和观赏性。而三河鹅毛扇轻盈、美观，畅销东南亚、欧美等国际市场。

舒席是一种特殊的工艺品。“顶山奇竹，龙舒贡席”，这是流行在舒城一带的老话，形容的就是舒席。它已经成为当地的一张名片。

炎热夏日，躺在清凉的舒席上，柔软、凉爽，别提有多惬意。相传，舒席的使用最早可追溯至春秋战国时期。明代，舒席身价倍增。据史籍记载，明朝天顺年间，担任吏部尚书的舒城人秦民悦为取宠皇帝，将编有龙纹的舒席作为贡品带至京城，深得英宗皇帝赞许，他御批此席为“顶山奇竹，龙舒贡席”。从此，“龙舒贡席”著称于世。

舒席之所以品质高，首先在于选料。舒城盛产竹子，其中水竹可做凉席，以小叶竹为上。这种竹子竹节稀，质软，能削得很薄，如丝绸一般柔软，自然可以做出好席子。

20世纪初，日本前田洋行就曾派专使来华订购舒席，为裕仁天皇婚礼所用。舒席选材特别严格，必须采用当年十一月至次年二月生的小叶水竹为原料，最合适的是生长两年的水竹，这样单是收购制贡席的原材料就要几个月的时间。选料后，从裁料到最后成席有十几道工序，比如裁料、开竹、破条、蒸煮、刮篾、编织。尤其是编织，它不仅要求经纬编排匀称，还要篾纹笔直整齐。每一道工序里，也都有其独特的“门道”。1906年舒席作为中国名产，在巴拿马国际商品赛会上获一等篾业奖；第二年在芝加哥国际商品赛会上又获一等奖；还曾参加南洋赛会，获得头等奖章。

很长时期以来，舒席是生活用品，夏天将其铺在床上用来纳凉。一块好的舒席，可以用上几十年，色泽发红，呈油光赤亮状，躺在上面，丝丝凉意油然而生。随着时代的发展，市场也在变化，舒席开始向工艺品演变。1958年，舒席老艺人汪龙福采用苏绣中的挑针法，编织天安门、双狮戏球图案屏席，被悬挂在人民大会堂安徽厅，现收藏于中国科技博物馆。

工艺舒席要求编织匠人有美术知识，无论是山水写意，还是人物工笔，在篾色的搭配上都需要精心构图、合理布局，以使席面的景物远近相宜，浓淡对比鲜明，空间层次清晰，将竹篾的特质发挥到极致。

舒席制作

图书在版编目(CIP)数据

江淮行·皖文/安徽省文化和旅游厅编.—合肥：
黄山书社,2018.12
(安徽文化旅游丛书)
ISBN 978-7-5461-8045-8

Ⅰ.①江… Ⅱ.①安… Ⅲ.①文化遗产－介绍－安徽
Ⅳ.①K295.4

中国版本图书馆CIP数据核字(2019)第001674号

江淮行·皖文　　安徽省文化和旅游厅 编

出 品 人　王晓光
项目策划　贾兴权　韩开元
项目统筹　张向奎　刘莉萍
责任编辑　代立媛　周　唯
技术编辑　戚　帅　李　磊
装帧设计　尹　晨
出版发行　时代出版传媒股份有限公司(http://www.press-mart.com)
　　　　　黄山书社(http://www.hspress.cn)
地址邮编　安徽省合肥市蜀山区翡翠路1118号出版传媒广场7层 230071
印　　刷　安徽新华印刷股份有限公司
版　　次　2019年5月第1版
印　　次　2019年5月第1次印刷
开　　本　710mm×1010mm　1/16
字　　数　265千字
印　　张　16
书　　号　ISBN 978-7-5461-8045-8
定　　价　80.00元

服务热线　0551-63533706
销售热线　0551-63533761
官方直营书店(https://hsss.tmall.com)